笔杆子里出业绩

职场写作模型与范例

乔恩——— 著

化学工业出版社

·北京·

内 容 简 介

在竞争激烈的职场中，写作能力是使职场人脱颖而出的关键之一。《笔杆子里出业绩：职场写作模型与范例》正是这样一本助力职场人的实用指南。

本书涵盖了职场写作的七项关键能力，从写作准备到各类文案撰写，形成完整的知识体系。本书通过真实案例、实用模型和方法论，让读者学以致用，并鼓励读者结合工作实际提升写作能力。

无论是想写好简历获得面试机会，还是掌握商务邮件、商务方案、路演文案等写作技巧，抑或是进行职场宣传、企业公文写作，这本书都能提供清晰指导。

图书在版编目（CIP）数据

笔杆子里出业绩：职场写作模型与范例/乔恩著.
北京：化学工业出版社，2025.6. -- ISBN 978-7-122
-47662-3
  Ⅰ.C931.46
中国国家版本馆 CIP 数据核字第 2025LW7983 号

责任编辑：刘　丹
责任校对：张茜越　　　　　　　　　装帧设计：仙境设计

出版发行：化学工业出版社
　　　　　（北京市东城区青年湖南街 13 号　邮政编码 100011）
印　　装：三河市双峰印刷装订有限公司
710mm×1000mm　1/16　印张 14　字数 186 千字
2025 年 9 月北京第 1 版第 1 次印刷

购书咨询：010-64518888　　　　　　售后服务：010-64518899
网　　址：http://www.cip.com.cn
凡购买本书，如有缺损质量问题，本社销售中心负责调换。

定　价：78.00 元　　　　　　　　　　　　　版权所有　违者必究

前言
PREFACE

你是否仍在为打造一份引人注目的简历而苦思冥想？是否曾目睹同事在演讲台上光芒四射、深受领导青睐，心中既充满向往又略感黯然？又或者曾因为项目方案的不足而错失宝贵客户，留下无尽的懊悔？

自古以来，写作与演讲都是我们传递思想、分享观点的重要桥梁。而在当今快节奏的职场中，它们更是紧密相连，成为我们不可或缺的职业技能。一份精心准备的简历，是面试的敲门砖；一场精彩的演讲，是展现才华的机会；一份详尽的商务方案，则是赢得客户信任的关键。职场如战场，竞争残酷而真实，掌握写作能力，就如同手握职场利剑，能让你精准地向领导、同事、客户传达你的想法，让你在职场中脱颖而出。

更何况，我们正处于一个短视频与个人（企业）IP（intellectual property，知识产权）崛起的黄金时代，流量与内容质量成了争夺的焦点。每一个职场人都需要随时准备撰写吸引人的文案、策划，以应对市场的瞬息万变。对于现代职场人来说，高质量地撰写销售文案、推广话术、演讲稿、项目方案，不仅能为企业节省成本，更能提升个人的职业价值，使自己成为职场中耀眼的明星。

本书专注于职场写作领域，旨在为职场人士提供一套系统的写作能力提升方案。笔者基于自己二十年的职场工作经验与十多年的职场写作培训实践，经过近两年的构思、选题、反复修订，最终成书。本书力求为职场中的你提供一份清晰、实用、拿来即用的写作指南，帮助你在职场中游刃有余。

本书的亮点在于系统性、实战性和可落地性。

系统性：本书从职场写作的全景视角出发，以点带面，循序渐进地引导职场人掌握七项关键写作能力：准备工作、简历写作、商务邮件写作、商务方案写作、路演文案写作、职场宣传写作以及企业公文写作。每一项能力都独立成章，深入探讨，形成一个完整的知识体系。你可以根据自己的职场角色和发展阶段，灵活选择学习内容，综合运用。

实战性：笔者结合在国企、外企与民企的丰富工作经历，以及自己十多年的职场写作培训经验，整理了大量真实案例。本书将为读者呈现真实的写作应用场景、逻辑严密的写作模型、实用的写作方法论以及鲜活的企业案例，确保大家能够学以致用。

可落地性：写作能力的提升是一个长期修炼的过程，需要与时俱进、因地制宜。本书的宗旨是让职场人士紧密联系工作实际学习写作并实践，在工作中不断提升自己的写作能力，从而在职场中飞跃发展。

希望这本书能成为你职场道路上的得力助手，助你在职场中披荆斩棘，迈向成功！

著者

目 录 CONTENTS

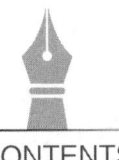

开场白　笔杆子里出业绩　　　　　　　　　　　　　　　// 1 //

第一章　准备工作：掌握职场写作的必备技能　　　　　　// 7 //

　　第一节　读者画像：明确读者对象　　　　　　　　　// 8 //
　　第二节　选题策略，决定文章的高度与深度　　　　　// 14 //
　　第三节　结构化写作，构建职场写作黄金框架　　　　// 17 //
　　第四节　内功修炼：成为金牌"笔杆子"的秘诀　　　// 27 //

第二章　简历写作：打败千军万马的利器　　　　　　　　// 31 //

　　第一节　态度修炼：面试官只看 10 秒，但你要付出
　　　　　　100 分的努力　　　　　　　　　　　　　　// 32 //
　　第二节　主题修炼：从海量简历中脱颖而出　　　　　// 36 //
　　第三节　结构修炼：打造易读且吸引人的简历　　　　// 43 //
　　第四节　内容修炼：让面试官一眼相中　　　　　　　// 47 //

第五节　创新修炼：好的简历可不是千篇一律的　　// 53 //

第三章　商务邮件写作：笔尖下的商业谈判　　// 57 //

第一节　商务邮件主题的新趋势　　// 58 //
第二节　得体方能服人：商务邮件的标准格式　　// 60 //
第三节　见字如面：用邮件与客户进行高质量沟通　　// 65 //
第四节　实战修炼：六大类商务邮件写作技巧　　// 72 //

第四章　商务方案写作：成交的艺术　　// 83 //

第一节　成交导向：每个方案都旨在成交　　// 84 //
第二节　掀开面纱：解密优秀商务方案　　// 86 //
第三节　三个目标：成功商务方案的基石　　// 89 //
第四节　必备要素：打造优秀的商务方案　　// 92 //
第五节　合适至上：商务方案的最高境界　　// 110 //
第六节　超越"谢谢"：总结的艺术与成交的距离　　// 113 //

第五章　路演文案写作：每个字都可能决定成交　　// 117 //

第一节　好的路演文案一定要有趣　　// 118 //
第二节　路演文案的目标应该这样写　　// 120 //
第三节　无策略，不路演：路演成功的五条铁律　　// 124 //
第四节　不管路演是为了卖什么，都要讲好故事　　// 128 //
第五节　举例为证：用实例触动人心　　// 132 //
第六节　"三化"模型，教你用数据说话　　// 136 //

第六章　职场宣传写作：掌握流量密码，开启无限可能　// 139 //

第一节　新媒体文章：吸引与转化的写作技巧　// 140 //

第二节　职场演讲：用语言征服听众　// 158 //

第三节　企业消息：传递价值，塑造形象　// 175 //

第四节　企业通讯：内部沟通的艺术与技巧　// 184 //

第七章　企业公文写作：职场晋升的快车道　// 191 //

第一节　如何写出让读者"动起来"的通知　// 193 //

第二节　如何写请示才能得到批准和有效回复　// 197 //

第三节　如何全方位高效布局，撰写出彩工作报告　// 199 //

第四节　如何快速写出能捕捉要点的会议纪要　// 206 //

第五节　如何通过一封函达成高效沟通与合作　// 212 //

| 开场白 |

笔杆子里出业绩

一、职场进阶，从练好笔杆子开始

欢迎翻开这本书。恭喜你，你已经踏上了这段职场加速成长的旅程。

新时代的职场人越来越离不开写作。身在职场或即将迈入职场的你应该知道或者至少听过这些部门：办公室、综合管理部、企宣部、策划部、公关部……如果更加细分，还有文案部、品牌部、公共关系科、董事长办公室……这些部门各司其职，但有一项核心职能是共通的：告知与宣传。要实现这项职能，须具备的核心能力就是写作能力。

也许你会说，这些部门我都不沾边。但请回想，我们找工作时需要撰写简历，入职时要填写个人履历，年底要做工作总结，晋升时要提交工作报告，投标时要准备标书，给客户演示时要制作PPT，宣传企业时要写新闻稿，拍短视频前要写脚本，甚至在朋友圈发广告也要精心构思文案……写作，早已渗透到我们职场的每一个角落。

我们常听到这样的故事：某某因为擅长写作而升职加薪，公司新产品的推广、重大会议的宣传都离不开他。在新媒体时代，更有一批人通过写作逆袭，如传奇作家当年明月（原名石悦），以《明朝那些事儿》在互联网上成名，一本书的版税就高达数千万元。还有李叫兽（原名李靖），凭借一篇公众号文章《月薪3000和月薪30000的文案区别》迅速走红，最终吸引了百度创始人李彦宏的注意，收到了"百度副总裁"的职位邀请，成为当年营销圈的一段佳话。

这些例子无不证明，会写作的人在职场上更具优势。高质量地写作，不仅是职场变现的重要途径，更是一种人生情怀的体现。

日本知名教育学家斋藤孝曾说："若能向全世界发表自己的文章，唤起其他人的共鸣，这不就是自己活着的证明吗？希望大家好好利用这个新时代，掌握足以表达自己的能力……通过'读''写''说'和'听'的联动，你能体会到强烈的充实感，还能通过写作与对方建立起人际关系，而且写作也将由此变得不再辛苦。"

二、速成是毒药，写好有诀窍

先来做一个小测试。

你接到一个写作任务（一个报告、一份简历、一个项目方案……）后，脑海中想的第一件事是什么？（凭直觉作答）

①应该去哪里找类似的模板？

②怎么开头比较好？

③好难啊，去哪里找好的素材？

④应该写多少字？做多少页PPT才好？

⑤我的听众最关注什么？

⑥怎么写，才能算好呢？

多数人的答案可能集中在①~④，这是追求速成的普遍现象。但如果你的答案在⑤、⑥，说明你已经在深入思考写作的逻辑了。要知道，欲速则不达，职场写作亦是如此。

伟大的作品，如司马迁的《史记》、曹雪芹的《红楼梦》、当年明月的《明朝那些事儿》，都经历了长时间的打磨。司马迁写《史记》耗时14年，曹雪芹写《红楼梦》用了大约10年，当年明月写《明朝那些事儿》也花了8年时间查阅大量史料。

互联网时代和信息化社会，为我们写作带来了巨大便利，但也带来了一种不好的心态，那就是速成心态。我们可以随时获取想要的写作素材——短视频、文章、图书、付费专栏，各种形式都有。同时，我们也时

刻在接受一个声音的催眠：别人都通过写作成功啦，你快来吧。于是，有些人想都不想，脑子一热，以为看了几本书，买了几个写作专栏，就可以像别人一样，靠写作实现财富自由。这种有速成心态的人忽略了过程，只关注结果，往往会因为期望过高而感到现实残酷，最终失去热情。

为什么说速成是陷阱呢？因为急躁的心态会打击我们的热情。当期望值过高而方法不当导致结果不理想时，我们往往会失去初心。同时，速成心态还会培养思维惰性。面对任务时，我们可能会因为觉得有模板可循或素材可查而一拖再拖，直到最后才匆忙应付，效果不佳。

因此，速成是毒药，写好有诀窍。

三、写作之前，先拒绝这三"套"

（一）拒绝第一"套"：套模板

无论是写简历还是写报告，有些人习惯先找模板参考。在写作的初级阶段，这样做或许能启发思路、对比风格，但放眼整个写作过程，立意、结构、标题、序言、关键句、观点、论据等才是文章的核心和内在。如果我们全程依赖模板，就容易以模板为中心而非以内容为中心，从而偏离写作的方向，被模板"套牢"。

请记住，模板是为文章服务的工具，而非文章的全部。我们应该根据内容的需求来灵活运用模板，而非被模板束缚。

（二）拒绝第二"套"：俗套

一句话如果被别人反复说过，你再重复就失去了新意。如果一个观点已经深入人心，你再重复强调只会让读者感到厌烦。王小波在《沉默的大多数》中讲了一个故事，二战期间，一位美国将军正被敌人堵在地窖里，他的随行人员却咳嗽起来,将军给他一块口香糖嚼,以压制咳嗽。但随从嚼了一会儿后又伸手来要,理由是:"这一块太没味道了!"将军回应道:"没味道不奇怪,我给你之前已经嚼了两个钟头了!"

写文章也是如此,要避免落入俗套,否则写出来的文章就像别人嚼过的口香糖一样索然无味。我们应该力求创新,提出新颖的观点和独特的见解,以吸引读者。

(三)拒绝第三"套":客套

"您今儿起得真早啊!""起了!"

"喝了吗您?""喝了喝了,您呢?"

这是生活中的客套,亲切自然。但职场写作却容不得客套话的存在。职场写作需要直入主题、抓住重点,否则容易偏离中心、浪费读者的时间。

历史上的名篇往往以短小精悍著称,如《爱莲说》仅119字,《岳阳楼记》322字,《出师表》也不过1522字。尽管篇幅短小,但这些名篇中的名句却深入人心:"出淤泥而不染""先天下之忧而忧,后天下之乐而乐""恢弘志士之气,不宜妄自菲薄"。

因此,写文章时要摒弃客套话、套话、空话和假话,聚焦于内容本身,为主题服务。只有这样,我们才能写出简洁明了、直击人心的职场佳作。

第一章

准备工作：
掌握职场写作的必备技能

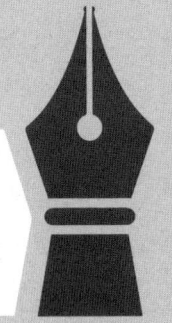

第一节　读者画像：明确读者对象

《红楼梦》中的凤姐，堪称沟通高手，她能根据不同的人灵活调整说话风格。对初入大观园的刘姥姥，她言语亲近；在协理宁国府时，对下人恩威并施；面对贾母，则极尽取悦奉承之能事。职场写作，同样是在与读者沟通。

我们撰写职场文章，并非像写日记般自说自话，而是在不同场景下与不同的人进行交流。写简历，是在与面试官及未来雇主对话；写报告，是在与上级领导沟通；撰写商务方案书，则是在与客户交流。场景与对象的不同，自然要求说话内容有差异。试想，呈现项目方案时，分别面对市场经理和董事长，我们能用相同的 PPT 和话术吗？答案是否定的，因为职级不同，思考问题的维度也会有所差异。

没有明确读者对象，就如同在黑暗中演讲，你看不到听众，不知道他们有多少人，不知道他们是小学生还是大学教授，不知道他们是年轻人还是老年人。这样的演讲，显然无法开始。明确读者对象，是职场写作立意和选题的基础。只有深入了解并分析读者信息，职场写作传递的信息才能精准，双向沟通的效果才会更好。而这个了解和分析读者的过程，就是为读者画像。

为读者画像需遵循以下三个步骤，由表及里，循序渐进，如图 1-1 所示。

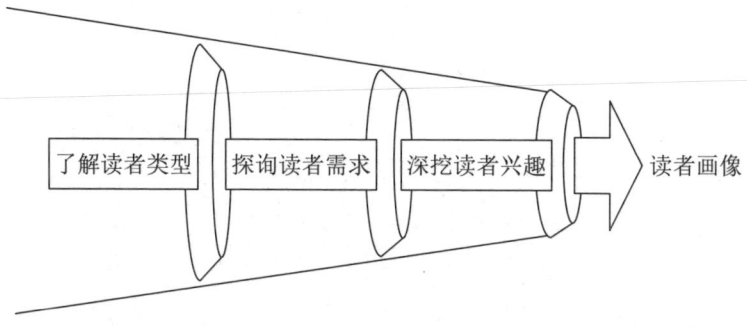

图 1-1　为读者画像的步骤

一、了解读者类型

这相当于你与读者的第一次见面，你通过他们的外貌、穿着、神态、语言、动作来观察他们。他们是偏感性还是理性？喜欢直接还是含蓄？是主动表达型还是倾听型？在能力范围内，获取的资料越多，对读者类型的了解就越详细，写作时就越有主动权，因为方向更精准，内容也更有针对性。

我们可以从以下维度来搜集读者信息，逐步聚焦读者类型：年龄、性别、职业、性格特征、思维习惯，以及读者与作者的关系。年龄与职场经验和人生阅历密切相关，30岁的人和60岁的人看问题的角度往往不同。《男人来自火星，女人来自金星》这本书提到，男女在价值观、表达方式、思维方式等方面都存在普遍差异，因此面对不同性别的读者，写作的方式也应有所不同。职业决定了读者的阅读需求、理解能力和经验水平，这是职场写作需要重点考虑的要素。性格特征也是判断读者类型的重要维度。按照DISC性格测试理论，职场人大致可分为支配型（老虎）、影响型（孔雀）、稳定型（猫头鹰）、服从型（考拉）四种类型。如果能提前判断出读者的性格类型，写作时就可以更好地投其所好。思维习惯也是判断读者类型的一个维度。按照思维的总体顺序来划分，读者可分为自上而下型和自下而上型。前者注重结果，关注总体概括和主要情况；后者注重过程，喜欢探究细节，善于推导和论证。面对这两种思维风格不同的读者，职场写作的模式也应截然不同。读者与作者的关系也是需要考虑的维度，比如上下级关系、业务员与客户的关系、雇员与雇主的关系等。

在了解读者类型时，需要提醒大家的是，掌握的维度越多越好，但也不能求全责备，要具体问题具体分析。比如，当你给熟悉的领导写一份工作报告时，年龄、性别、职业、行业、性格特征甚至思维习惯等读者的维度，你都可以精准勾勒出来。但是，如果你投递一份简历时，一一般情况下，你只能从职业和行业方面对面试官做精准的勾勒，性格特征和思维习惯只能基于面试官这一群体去做判断，至于年龄、性别等要素，更是无法做到精准了解。这个时候，只需要对重点的维度进行分析即可。

让我们来看两个案例。

案例一

王强是一名应届毕业生，入职了一家集团公司。试用期满后，公司为转正的新员工组织了一场盛大的演讲比赛，公司董事长照例将出席，各主要部门的领导也会全程参与。作为一名职场新人，王强应该如何撰写这份演讲稿呢？

一般情况下，他会有这些思路：

- 我是谁？我毕业于哪个学校？曾经有什么实践经历？
- 刚来公司，我做了哪些事情？
- 试用期这段时间，我在公司看到了什么，有什么感受？
- 我对公司很感恩，我会继续努力。

这样的思路逻辑上没有问题，但很常规化，很容易和别人的演讲主题"撞车"。如果王强能够在思考选题之前先了解读者类型，他就会有不一样的思路。从"年龄"这一维度来分析，演讲稿的主要读者（听众）是公司领导，他们与王强是新（职场新人）和老（老员工）的关系。从"读者与作者的关系"这一维度来分析，王强与他们是下（下属）和上（上司）的关系。从这两个维度来分析的话，王强就会有如下思路。

- 作为一名新人，如何呈现出老员工所关注的"新"：
  我有什么新的视角、新的思维？
  我能在哪些方面展现出新的力量？
- 作为一名下属，如何呈现出上司关注的"价值"：

我如何体现出自己的专业能力以证明我能胜任这份工作？

我如何展现出自己的综合能力，让上级领导看到我的潜力？

我如何体现出自己的独特性，让人眼前一亮？

经过这样的思路分析，王强对这次演讲比赛的理解就会更加透彻，后续选择的演讲主题的立意也会更高。

案例二

李丽是集团某分公司市场部经理，她第一次去给从未谋面的集团总经理做季度工作汇报。一般情况下她可能会有如下常规思路：自我介绍、分公司市场部的工作情况与成绩、取得这些成绩背后的方法论与亮点、存在的问题与不足以及改进的方向与措施等。这样的写作思路无所谓好与不好。李丽花费了很大精力去找资料、写 PPT 并修改了好几稿，但心里始终没底。后来她意识到自己忽略了一个重要的因素：人。写来写去都是围绕内容转，但是内容是呈现给谁看的呢？

顺着这个思路，李丽开始通过各种渠道了解集团总经理的信息。原来总经理是一位女性（性别），拥有工科博士学位（行业背景），非常具有探索和创新精神。她曾带领公司研发了多个行业专利（这体现了她的性格特征）。哪怕只是了解了一些基本信息，李丽本次汇报的思路也逐渐变得清晰了。原先粗线条的概括，现在需要变得更加细腻一些；原先只讲市场而忽视了产品方面的内容，现在也需要把市场和产品结合起来进行阐述；原先的汇报主要聚焦在总结成绩方面，现在看来还需要在未来的工作计划上花费更多笔墨。

二、探寻读者需求

从多个维度了解读者类型之后，职场写作在立意和选题方面就有了大致的方向。接下来要做的就是继续探寻读者需求,把"人"研究得更加透彻一些。

站在读者的角度来看,阅读文章一般有以下三类需求,如图1-2所示。

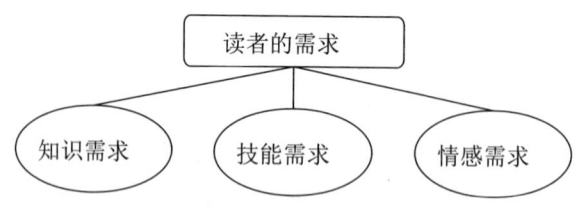

图1-2 读者的三类需求

知识需求:相对于技能来说的话,知识是能够用言语表达出来的信息。简单来说就是读者能够获得哪些新的知识。比如南派三叔的《盗墓笔记》里面就有很多关于文物的知识;三毛的《万水千山走遍》记录了她游历南美洲以及首次回归故土的旅行见闻,给读者提供了很多关于旅行的知识。

技能需求:就是能够获得哪些能力方面的提升,包括智慧技能和动作技能两种类型。智慧技能指的是运用概念和规则办事的能力,比如解决问题的方法论、处理事情的原则等;而动作技能指的是通过练习获得的、按照一定规则协调自身运动的能力,比如游泳的技能、炒菜的技能等。

情感需求:指的是对人、对事、对物、对己的反应倾向。比如读者期待从文章中得到理解、尊重或认同等情感体验。

那么,在职场写作中,我们是需要考虑读者的这三类需求,还是只需要考虑其中的某一类需求呢?这需要根据具体的场景和具体的对象来进行分析和判断。还记得前面要参加新员工演讲比赛的王强吗?对于王强的读者(听众)来说,王强能够带给他们的技能方面的东西可能比较有限。作为新员工,王强和他的同事们不太可能在战略、经营、管理、营销等领域给领导们传递一些成熟的方法论方面的东西。领导们更关注的可能是年轻人能否带来一些新的信息或者独特的想法等，这属于知识需求的范畴；同时他们也想了解这些新员工内心对公司的感受以及对未来的希望等，这属于情感需求的范畴。

然而对于李丽来说，她是作为分公司的部门经理去给总经理做季度工作汇报的。总经理对她的汇报的期待重点肯定不是收获一些新知识那么简单了，而是希望获得关于市场部经营管理的模型和方法论等方面的内容。领导关注的是如何发现问题和解决问题、如何总结经验和推广经验等方面的内容，这些属于技能需求。

三、深挖读者兴趣

在了解了读者类型并探寻了读者需求之后，读者的画像就会变得越来越清晰了。如果有条件和资源的话，我们可以进一步深挖读者的兴趣点，这样读者画像就会更加鲜活立体，写作也会变得更有针对性和目的性。

读者的兴趣涵盖两大层面：一是业务层面的兴趣，例如热衷于研究人性、擅长数据分析等；二是泛生活层面的兴趣，如喜爱诗歌、小说，或对足球、民歌等情有独钟。掌握这些兴趣点，将使职场写作更加精准有力。例如，若了解读者偏爱诗歌，那么在文章中适当引用相关诗句，便可能获得读者更多的关注；若读者倾向于数据分析，那么在演讲或报告中，便可多用数据来支撑观点，并对重要数据进行深入考究与验证。

总而言之，文章的最终接收者是读者，职场写作实质上是与读者进行沟通的过程。唯有以明确读者画像为基础，职场写作才能成为有意义的沟通行为，实现与读者之间的高效交流。表1-1展示了读者画像绘制模型，为我们提供了系统的指导框架。

表 1-1　读者画像绘制模型

了解读者类型		探寻读者需求	深挖读者兴趣	作者对应的写作表达方式
年龄		知识需求		
性别				
职业		技能需求		
性格特征				
思维习惯		情感需求		
与作者关系				

第二节　选题策略，决定文章的高度与深度

明末著名学者王夫之曾说："无论诗歌与长行文字，俱以意为主。意犹帅也，无帅之兵，谓之乌合。"这里的"意"，指的就是文章的选题。在职场写作中，动笔之前首先要确立文章的选题。

以李丽的公司为例，他们最近在推广一款新产品，市场部策划了一场非常成功的路演活动。总公司领导获悉后，要求李丽提交一份总结报告。经过紧张的复盘工作，李丽回顾了整个路演过程，从策划筹备、产品展示到后续跟进，流程繁多，其中，策划筹备阶段尤为重要，后续工作的顺利展开全赖于此。回顾整个过程，既辛苦又值得，大家充分发挥团队力量，8 个人的小团队成功举办了一场五百多人规模的市场活动。

基于复盘材料，李丽有几个选题方向：

①路演活动的整体流程

②团队合作的重要性

③团队如何举办大型活动

④成功的路演如何做好策划筹备

⑤分公司如何推广新产品

那么，哪个选题更具代表性，更能总结本场活动的成功经验，更符合读者的需求呢？"路演活动的整体流程"这个选题虽然稳妥，但容易落入俗套。公司不是第一次举办路演活动，整体流程并非读者关注的重点，他们更关注的是这场活动为何如此成功。顺着这个思路，对于李丽来说，选题③、④、⑤更有价值。

职场写作如何策划巧妙的选题呢？本节将分享四种方法。

一、虚中觅实，抽丝剥茧

顾名思义，就是从宏观、抽象和笼统的事实中，抽取和提炼出微观、具体和清晰的内容，使职场写作能更细致，有切入点，让读者第一时间感受到文章内容是贴近工作、具体、可落地的。这个方法特别适合写演讲稿、工作报告等，因为职场演讲主题往往宽泛，容易"唱高调"，给人感觉没有实际内容；工作报告也容易陷入程序化的陷阱。采用虚中觅实的方法，可以让演讲和工作报告更有新意，提供给读者（听众）更多实在具体的信息。

我曾辅导某公司的销售精英进行工作汇报，他们需要从不同角度向领导汇报。辅导前，他们内部先进行了一轮汇报，效果欠佳，领导反馈内容太虚，且大同小异。经过集中培训和辅导，大家逐渐找到了感觉。其中一位销售精英的汇报——《一位销售姑娘的 24 小时》荣获汇报大赛一等奖。在探寻工作汇报的选题思路时，她说："我们做销售工作很忙，手机基本都是 24 小时开机。白天还好，其他岗位的人都能理解，但到了晚上，尤其是深夜，我的手机经常会响起来，因为我们这条业务线有很多国外客户……"紧紧抓住"24小时"这个关键点，把选题方向定在时间维度上，重点放在深夜如何帮助客户处理紧急或疑难问题，以及销售员如何正确认知和调整自己的心态。这样的选题既满足了受众的技能需求，也满足了其情感需求，而且选题立意更加独特。

二、逆向思维，反其道而行

简单来说，逆向思维要求作者打破常规思维方式，"倒过来"思考问题，寻找新鲜的选题角度。比如上文提到李丽要给总公司做一个关于路演成功经验的汇报，有一个选题聚焦到"成功的路演如何做好策划筹备"，这是站在分公司操作者的角度。何不反其道而行呢？既然这次汇报聚焦策划筹备的重要性，那么可以直接站在总公司的角度去立意——《要结果，先要播种：总公司配合做好路演策划统筹的成功经验》，这也是一个选题方向。

三、统摄思维，几条线并行

有时候拿起笔，脑海里没有成形的思路，只有一个个片段或碎片化的场景，怎么办？这时候可以运用统摄思维。运用统摄思维构思选题，就是把写作的素材归类聚拢，然后把这些素材向一个点或几个点集中，并进行深度挖掘，以最大限度接近文章想表达的中心思想。聚焦点越来越小、越来越集中，最后找出一个最佳聚焦点，可能是人物的本质特征，也可能是事件的客观规律，这就是文章的选题。

魏巍的长篇通讯《谁是最可爱的人》今天读来还是那么感人。这篇通讯从一系列新闻事实（以抗美援朝战争为背景），比如松骨峰战役志愿军英勇作战、马玉祥在熊熊烈火中救朝鲜小孩、与志愿军战士在防空洞和着雪吃炒面的对话中，找到了新闻内核：以志愿军战士为代表的人民解放军是"最可爱的人"。

四、以小见大，层层挖掘

泛泛而谈写不出好文章，只能落入俗套。通过以小见大的方式来挖掘选题，就是找一个点来聚焦，以点带面，层层贯穿。别人写报告都是从整个事件或项目来全面展开，你可以另辟蹊径，从事件或项目的一个场景来聚焦。需要注意的是，以小见大要想产生好的效果，这个"小"必须具有典型性。

举个例子，某公司让基层管理者写管理心得体会，大部分人的思路都是这样：第一，公司战略，积极贯彻执行公司发展战略；第二，团队管理，发挥团队协作能力，打造队伍的执行力；第三，企业文化，让文化上墙，让文化落地。有一位管理者与众不同，他的题目是《为什么事业1部的周例会要这么开》。文章第一部分交代背景材料，公司的管理制度和要求，事业1部的业务属性和工作特点等，说明事业1部的周例会具有独特的管理意义。第二部分讲他们周例会的独特价值，以及给业务和管理带来的影响。第三部分展开阐述他们怎么开周例会，具体流程是什么，近期又有哪些改进措施和思考。这样的文章开口小、寓意广、形象具体、主题集中突出、观点鲜明、有理有据，不失为职场好文章。

第三节　结构化写作，构建职场写作黄金框架

你写作时，是否常感到即便手握大量素材，仍难以挖掘出深刻观点，将思路巧妙串联？演讲时，是否目睹他人侃侃而谈、口若悬河，而自己面

对演讲稿却心生怯意？汇报时，是否明明已演练多次，面对领导的提问，仍感手忙脚乱、不知所措？遇到这些情况，多半是因为结构化思维出了问题。

掌握结构化逻辑，无论是写作、演讲还是汇报，都能让你自信满满，最终成功说服和影响你的读者和听众。

美国心理学家、教育家、结构主义教育流派的代表人物布鲁纳曾说，任何学科知识都具有结构，这些结构反映了事物之间的联系和规律。而掌握事物的结构，就是理解它如何与其他事物有意义地联系起来。简而言之，学习知识结构就是学习事物是如何相互关联的。我们通过写作传递思想和观点，实质上就是把各种思想观点、内容要素、信息概念相互关联起来，用读者或听众能够接受的方式去阐述它们。这个"关联"的思维过程，就是结构化思维。

举一个工作中的例子。假设你是某公司的项目经理，与客户总经理约定了时间，向他展示公司最新的产品解决方案。为此，你准备了精美的PPT和相关的配套资料。因为对方很难约见，所以你对此次拜访非常重视。你提前确认了人员和相关时间安排，信心满满地走向总经理办公室。不巧的是，当你推门而入时，发现对方正在收拾文件和行李。他抱歉地说，分公司有重大事情需要处理，他必须马上赶飞机过去。这次会谈需要抓紧时间，最多只能有10分钟。这个时候，你应该如何调整自己的思路？

如果你这样展示："根据我们前期的沟通，这个项目的背景是这样的……我们认为，贵司的需求如下：第一……第二……第三……我们的项目方法论是……基于此，我们的产品有如下优势……"这样的展示方式可行吗？恐怕总经理会一边听，一边想着接下来的行程。稍加分析就能发现，以上的表达没有考虑到"10分钟"这个临时的时间限制，抛出的是按部就班的零散信息，它们就像散乱的珠子，随意滚落在地上，没有一根线把它们串联起来。

我们可以这样来优化："我今天给您带来的方案主题是……主要目的是解决……"这样的开头既简洁又明了，符合纵向结构的要求。首先把对方重点关注的信息展现出来，再阐述理由："我们认为此次合作非常重要，有3点理由……"这样的表述言简意赅、观点鲜明、有理有据。即使不打开电脑，这段表述也能给对方提供清晰的方案框架，使对方形成判断，以便进行后续的商务安排。

一、两种基本的思维结构：纵向结构和横向结构

写作的逻辑结构如图 1-3 所示。

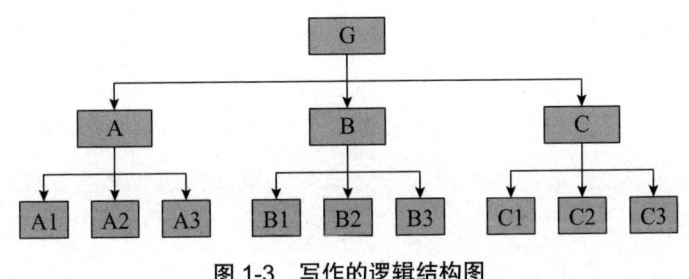

图 1-3　写作的逻辑结构图

纵向结构，简而言之，即从上至下的结构。如图 1-3 所示，从 G 到 A、B、C，再从 A 到 A1、A2、A3，体现的都是从属或包含关系。比如，抛出一个中心观点，随后展开详细论述。

横向结构，是指各要素之间不存在从属或包含关系，它们处于同一层面，如图中的 A、B、C 或 A1、A2、A3 之间的关系。例如，在阐述一个项目的价值时，我们可以从公司层面、客户层面、员工层面三个角度来展开。

想象一下，你要给公司领导提交一份商务报告，说明销售人员学习产品知识的重要性。如果你这样表述："我们认为了解产品非常重要。特别

是要学习公司的产品知识。要想做好销售工作，大家就要学习一些产品知识。当然了，任务很重，大家都想提高销售额。所以学习销售技巧也很重要。同时，产品知识也是很重要的。所以我们特别强调要给大家讲产品知识。"这样的表述显得杂乱无章，听众需要自己费力去厘清其中的逻辑关系。然而，如果你掌握了结构化思维，学会了运用纵向结构和横向结构，表达就会变得轻松许多。

首先，提炼出核心观点。你想要传达的中心思想是什么？很明显，是"公司销售人员应该学习产品知识"。接下来，为了证明这个观点，你需要找出相关的论据，这些论据可能是上下从属关系，也可能是横向并列关系。最后，再强调中心观点，使前后呼应。

观点：销售人员应该学习产品知识。

论据：

第一，掌握产品知识是公司员工的基本职责，这是公司制度规定的。

第二，掌握产品知识可以增强大家对公司产品的认同感，从而增强对产品的信心。

第三，掌握产品知识可以帮助大家更详细地介绍产品，从而提高销售额。

结论：因此，销售人员应该学习产品知识。

二、一定要学会用纵向结构来表达

我们的大脑在接收和理解信息时，偏好纵向结构。简单来说，当我们与客户沟通时，如果整体思路是层层递进、从上至下的，那么对客户的大脑来说，这是一种非常舒适的状态，因为它符合大脑的认知习惯。反之，则会引起诸多不适。

举个例子，我说："小王是一个好人。"作为听众（现在大家是读者），你头脑里会蹦出一个词：为什么？如果我接着说："小王是个男生。"你的大脑会这样想：男生和好人有什么关系？我接着再说："小王在读大学的时候和我同一个宿舍。"你的大脑又会有一个疑问：难道是大学时大家就发现小王是一个好人？

你看，我们的大脑就是这样单纯，它会自动认为前后的句子是有联系的。如果思维层面找不到联系，它就会自动匹配它们之间的联系。如果实在匹配不到，它就会产生困惑、厌烦的感觉。上面的例子就是如此。

如果我们换一种说法呢？

我说第一句话："小王是一个好人。"接着第二句话是："据他的同学反映，他在读大学的时候就经常在社区做义工。"紧接着第三句话是："邻居提到小王，也竖起大拇指，说他非常热心，经常帮助大家。"

这个时候，我相信你的大脑会很顺畅地接收上面的信息。因为这是一个最简单的"总—分"结构，用论据去说明论点。从认知原理上来说，第二、三句话是回答了第一句话隐藏的"疑问"。所以，我们的大脑没有任何多余的负担，句子之间的逻辑完全符合大脑自动认知的路线，大脑唯一要做的是去理解句子背后的含义。

因此，在职场写作和表达中，一定要学会纵向表达，这样会让沟通顺畅很多。

三、演绎式思维和归纳式思维

演绎式思维和归纳式思维如图 1-4 所示。

演绎式思维重在推理。比如：所有的人都会死，苏格拉底是一个人，所以苏格拉底会死。由一个大前提，到一个小前提，最后推导出一个结论，这就是演绎的思维结构。我们写作常用的 Why（为什么）-What（是什么）-How（怎么做）结构就属于演绎式思维，先描述背景问题或重要性和价值，然后展开阐述相关原理，最后阐述具体的方法论，表达出观点和结论。此外，递进结构也是演绎式思维的一种，从事情的背景、发生到发展，最后到结果，层层递进。

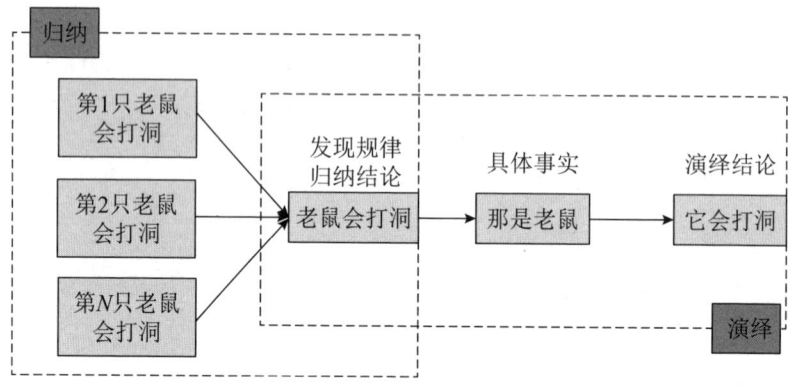

图 1-4　演绎式思维和归纳式思维

归纳式思维则重在归纳，各要素之间存在共性。例如，华南市场销售额下降了 20%，华东市场销售额下降了 25%，华北市场销售额下降了 40%。这三个句子存在一个"市场销售额下降"的共性，可以作为"公司几大市场的销售面临问题"的论据。归纳式思维又细分为三种表现顺序：时间顺序、空间顺序、重要性顺序（图 1-5）。

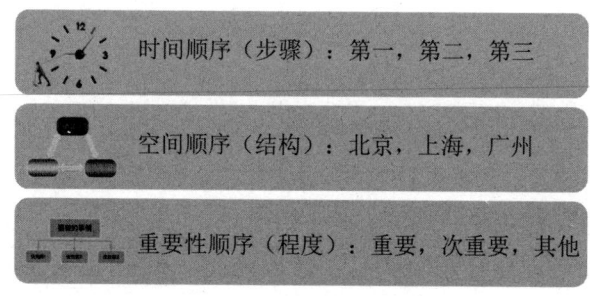

图 1-5　归纳式思维的三种表现顺序

在职场写作中，如何运用演绎式和归纳式思维呢？举个例子。

客户认为我们的试验产品如果要批量上市，还有很多需要完善的地方，最近给我们提了很多反馈意见。经过生产部和市场部同事的调研和整理，有以下8点特别值得注意。
①无意义的数据很多，希望做好筛选。
②后续研发的周期不合适。
③希望改进包装的款式。
④获得市场反馈数据的时间太长。
⑤希望突出设计的创新性。
⑥有两项核心指标的数据与相关标准不符。
⑦希望改进产品说明书。
⑧第一阶段和第二阶段的数据参数不一致。

如果你是市场部经理，需要给市场部总监提交一份报告，你会怎么写？

还记得我们之前学过的纵向结构和横向结构吗？这个时候，要把知识串联起来运用。

如果你偏向纵向结构思考，那么你就先提炼出核心观点，再去寻找相关论据，厘清其中的逻辑顺序。比如，我们可以提炼出核心观点："客户认为我们的试验产品上市前还需要改进很多地方。"然后再去寻找论据，解释客户为什么会这么说。

如果你偏向于横向结构思考，那就从具体要素出发，从每个要素里面寻找关键词，寻找各要素之间的逻辑关系和逻辑顺序。比如第②点和第④点，关键词"周期""时间太长"都与时间有关系，它们就可能被归为一类。

不管用哪种结构来思考,最终我们都要把思路整理好,再以从上至下的金字塔结构呈现出来。表 1-2 是使用横向结构思考所呈现出的客户意见。

表 1-2　客户意见

主要观点:客户认为我们的试验产品上市前还需要改进很多地方	
客户意见	问题种类
②后续研发的周期不合适 ④获得市场反馈数据的时间太长	关于时间
①无意义的数据很多,希望做好筛选 ⑥有两项核心指标的数据与相关标准不符 ⑧第一阶段和第二阶段的数据参数不一致	数据不符合要求
③希望改进包装的款式 ⑤希望突出设计的创新性 ⑦希望改进产品说明书	外观和附件

四、五大类结构化思维模型

图 1-6 是金字塔原理思维模型,这个思维模型可以运用在我们写作从思考到呈现的任何环节,包含纵向结构和横向结构。它主要有四个特征:一个主题,强调写作要有清晰的中心思想;以上统下,写作要有清晰的自上而下的结构,观点要有论据来支撑;同一范畴,在横向层面,各要素之间要属于同一范畴,相互独立,否则就不符合演绎或者归纳的逻辑;逻辑顺序,各要素之间要有严谨的逻辑顺序,要么是大前提——小前提——结论的演绎顺序,要么是时间、空间或者重要性顺序。

图 1-7 是结构化思考 123 模型,这个模型看起来简单,实则是结构化思考的底层模型。我们大脑接收信息,最喜欢的方式是从上至下,即先了解观点是什么,然后了解为什么这样说。因此,当我们将信息输出给对方大脑时,如果能够遵循这个基本认知规律,沟通交流就会非常顺畅。

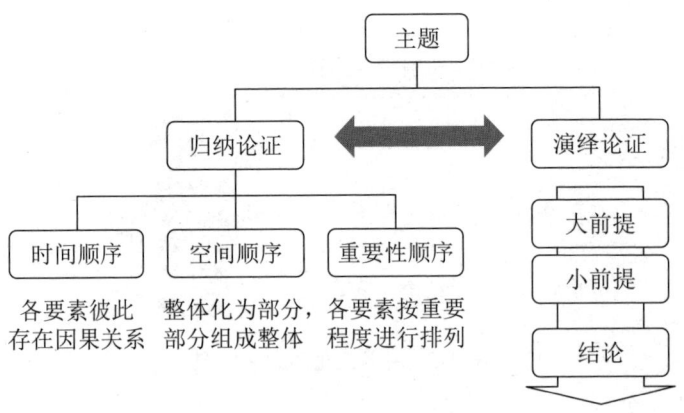

图 1-6　金字塔原理思维模型

从现在开始，我们输出任何信息，不管是写作还是演讲或汇报，先想想自己的主旨观点是什么，支撑这个观点的分论点是什么，即我为什么这样说。多尝试几次，你会发现你的沟通对象会感觉非常舒服。

图 1-8 是结构化思维模型，这个模型运用在汇报场景中，效果极佳。在结构化思考 123 模型的基础上概括出主旨之后，立即抛出支持信息，可以是论点，也可以是论据，包括案例、故事、数据等各种形式。建议至少有 3 项支持信息，这样更有说服力。在汇报的结尾，要有一个总结，特别是 10 分钟以上的汇报，最后对主要观点和立场进行总结非常有必要。

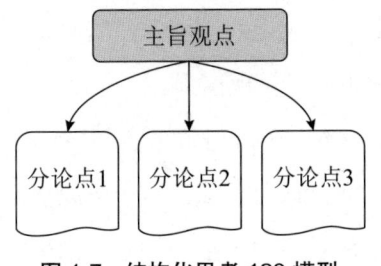

图 1-7　结构化思考 123 模型

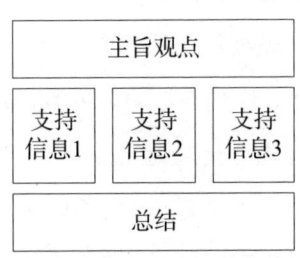

图 1-8　结构化思维模型

图 1-9 展示了高效汇报四部曲模型，该模型适用于各种关键场合的汇报，例如上级领导视察时的 10 分钟汇报，或者集团公司月度总结会上的部门工作汇报。

图 1-9　高效汇报四部曲模型

首先要吸引听众的注意力。如果听众没有兴趣，那么无论汇报内容多么精彩，都很难被接受。

其次用一句话概括要说的主要内容。听众的时间很宝贵，他们需要清楚地知道你将要说什么。

接着详细阐述为什么。吸引了听众的兴趣之后，你需要准备有趣又有价值的论点和论据来支持你的观点。

最后告诉听众你的发现。这个发现不能是表面的现象，更不能是大家都知道的问题，而是你总结出的规律，是抽丝剥茧得出的本质。

图 1-10 是问题分析与解决逻辑树模型，这个模型适用于复杂系统问题的分析场景，比如公司筹备大型项目关键风险分析会议等场景。模型的目标是把模糊复杂的问题转化为清晰的议题，使各种要素从纷繁复杂变得井井有条、有内在联系，并且用清晰的逻辑线条呈现出来。

首先要清晰地界定问题。这是最难的一步，但很多人却忽略了这一步。什么才是真正的问题？要解决的问题到底是什么？这个问题能够清晰地呈现出来吗？问题界定清楚后，再运用逻辑树一层一层进行剖析，寻找支持的论点和论据。最后再反过来验证当初的问题界定是否准确。

模型是方法论的基础和指引，学了就用，用了就能测试是否有效。建议大家学以致用。

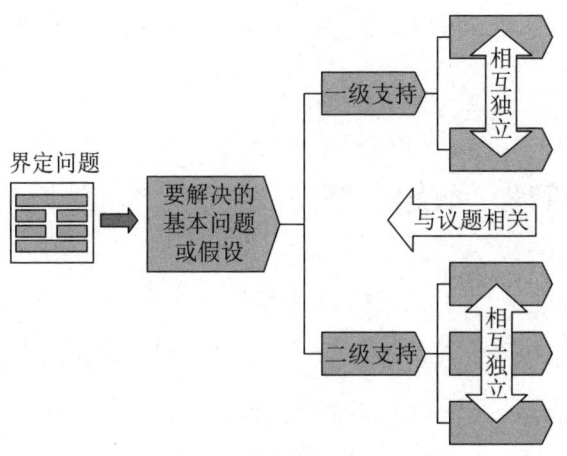

图 1-10　问题分析与解决逻辑树模型

第四节　内功修炼：成为金牌"笔杆子"的秘诀

有一座寺庙需要雕刻一尊佛像。僧人们最初找到了一块充满灵气的大石，但它没过几天便因受不了千锤百炼的痛苦而放弃了。于是，僧人们另选了石头，那块放弃的大石每天听到山顶传来的锤打声，暗自庆幸自己躲过了一劫。最终，佛像雕刻完成，原本平凡的石头变成了万人敬仰的佛像。每日来往的香客络绎不绝，上山的路也因此变得泥泞不堪。工匠们找来了那块被扔在山脚下的大石，将它敲得粉身碎骨，铺成了一条石子路。

每个人都是一块可以雕琢成佛的石头，但必须经过锤炼才能成功。

无论是著名作家、知名编剧、资深广告文案写手、营销策划专家，还是项目方案书操盘手……那些靠写作在特定领域创造价值的人，都是金牌"笔杆子"。如果你正在从事类似的岗位，或者准备深耕其中某个领域，只要掌握原理和方法，做好心态管理、时间管理和知识管理，你也能成为专家。

一、心态管理：敢想+坚持

首先，要敢于尝试那些看上去力所不能及的事情。第一次不会写，不代表以后不会写；没写过这个领域的内容，不代表在这个领域就不能有所建树。人的潜能是无限的，你往往意识不到自己能做到超出想象的事情。所以，永远不要小看自己，不要限制自己。立即行动，在行动中超越自己！

敢于上路之后，还需付出超乎常人的坚持。奥美创始人大卫·奥格威在成为20世纪最负盛名的广告大师之前，曾当过厨师、销售员、调查员、政府秘书、农民。不管从事什么职业，他始终保持对写作的热爱和坚持，这为他后来的成名埋下了伏笔。奥格威在从事销售工作期间，因为销售业绩很好，老板希望他能写一份销售手册来指导其他人。年轻的奥格威很重视这次机会，把自己当时能想到的所有细节和原则都写进了这份手册。这份销售手册一经面世，立刻风靡业界，被《财富》杂志称为"有史以来写得最好的销售手册"，当时，他年仅24岁。

福楼拜曾对莫泊桑说："我每天上午用4个小时来读书写作，下午用4个小时来读书写作，晚上，我还会用4个小时来读书写作。"莫泊桑不解地问："难道您就不会别的了吗？您的特长又是什么呢？""写作。"福楼拜回答。

一旦你决定用笔来书写人生，靠写作来衡量职场的价值，那就勇敢往前走吧。纵使前面充满未知和挑战，也要持续正向思考，少和自己唱反调。纵使旁人列出千万个理由干扰你的行动，你也一定要坚定立场，相信自己的能力，向着自己的目标前进。

二、时间管理：不要低估自己的惰性

写作考验人的时间管理能力。如果交付周期是一周，比如交付一个工作报告，很多人会选择最后一天才动笔；如果交付周期是一年，比如写一本书，很少有人会提前交稿，多半会延期；如果交付周期是一生，比如心中有一个作家梦，对多少人来说，此梦注定最终只是梦一场。

要想写得好、写出成果，必须克服"写作拖延症"。站在管理的角度，拖延症肯定不好，轻则引起焦虑，重则误事。我们对什么事情最容易拖延？对重要但不紧急的事情，我们最容易拖延。比如，下周要做项目结案报告，你看看日历，今天才周一，时间还早得很；又比如，你计划这个月要看3本书，第一周过去了，你一本都没看，你总会安慰自己，还有时间。

自律的人通常不会拖延。倒不是因为他们硬着头皮把计划做完就感受到了多大的快乐，这没有任何科学依据，当然，不排除有的人因为自律而快乐，但更多的人是因为找到了事情本身的价值和意义，就自然去做了。不管是不得不做、主动去做，还是高兴地去做，做了就好。克服拖延症的第一要义就是立即去做。量变引起质变，习惯的力量是巨大的。

史蒂芬·金说："写作是一种实践。如果你能够持续十年每天举重十五分钟，你就可以锻炼出肌肉。如果你坚持十年每天写作一个半小时，你就会成为一名优秀的作家。"

三、知识管理：建立知识体系＋资料库

要成为金牌"笔杆子"，一定要做好知识管理。

首先，要有自己领域的知识体系。从通用写作的角度来说，选题立意、逻辑梳理、搭建结构、遣词造句、表达修辞等能力，我们都需要系统

地修炼和打磨。从专业领域来说，公文、广告、项目方案书、文案、邮件等都有自己独特的写作体系。做一行，爱一行；做一行，钻一行。我们得把自己领域的知识体系研究透、实践透，才能站在系统的角度看问题，写作的时候才会得心应手。

同时，建议大家建立自己的资料库。巧妇难为无米之炊，"笔杆子"难为"无素材之作"。我们平时读书、看报、刷短视频、看电影时的感悟，听到的金句，印象很深刻的有意思的话语，都可以保存在自己的资料库里。

马克思为了写《资本论》，每天坚持到英国博物馆看书、查阅资料，被图书馆员称为最勤奋的读者。马克思在阅览室埋头读书的时候，常常情不自禁地用脚来回蹭地。天长日久，竟然把他的固定座位下坚硬的水泥地磨出了一道道凹下去的印子，这些印子被人们称为"马克思的足迹"。

第二章

简历写作：
打败千军万马的利器

第一节　态度修炼：面试官只看 10 秒，但你要付出 100 分的努力

对企业 HR（人力资源管理人员）而言，筛选简历只是日常工作的一部分，每份简历可能停留不过 10 秒。但对求职者来说，简历是职业生涯的起点，关乎未来一年、三年，甚至更长久的十年、一生的职业发展。

不可否认，无论是应届毕业生还是已在职场摸爬滚打多年的精英，所面临的职场竞争都越来越激烈。对于某些热门企业和岗位来说，形容求职者是在千军万马中过独木桥也毫不为过。

简历，已不再是传统意义上找工作的"敲门砖"，而是一张"谋生"和"晋级"的名片。写好简历，是万里长征的第一步。这一步做不好，后面的求职征程就无从展开，更别提挤进那百分之几甚至零点几的录取率中了。

一、撰写简历，远离这 7 大病症

优秀的简历各有风格，但它们都会规避以下 7 大病症。

第一，篇幅病症。要么贪写，要么厌写。简历篇幅过长，如 Word 超过 10 页，PPT 超过 30 页；或者篇幅过短，少于 500 字。正常来说，简历字数以 500～800 字为宜，在这个篇幅内可以精准完成各项介绍。篇幅过长显得冗余杂乱，增加阅读者的阅读时间和信息处理难度；篇幅过短则难免出现信息空白，失去很多竞争机会。

第二，模板病症。套用模板的痕迹明显，包括版式、结构、语言表述等。从事简历筛选的工作人员和面试官阅过的简历数以万计，这方面他们

早已练就了一双"火眼金睛"。如果是应届毕业生，千万不要图省事直接借鉴同学的简历；如果是投递热门岗位，更不要直接套模板，一定要有自己的特色。

第三，目标病症。主要表现为"一篇简历打天下"，投递任何公司和任何岗位都使用一字不差的简历，没有针对性的描述，缺乏目标感。在各大招聘网站注册和投递时，也只会根据一个固定的模板复制粘贴，没有根据平台的招聘风格和喜好制定有针对性的简历战略。

第四，结构病症。这是最普遍的一种病症。虽然现在各大招聘网站的简历模板都有固定的结构，包括基本信息、求职意向、过往经历等，但这只是形式上的结构，关键还是要看内容结构。对于企业比较关注的关键模块，如过往工作经历、社会实践等，如果没有进行结构化的呈现就很难让人抓住重点。

第五，主观病症。主要表现为主观描述太多而客观呈现太少。如简历中频繁出现"我认为……""我发现……""我觉得……"等表述。这类主观信息过多：一是会造成信息散乱，不利于信息聚焦；二是缺乏数据和具体案例的支撑会让读者对简历的真实性产生怀疑。

第六，华丽病症。简历属于需要精美但不需要华丽的职场应用文。患有此类病症的简历会堆积过多的生活信息、堆砌复杂的修辞笔法、附加过多的个人色彩。

第七，粗心病症。主要表现为简历中出现不完整信息和错误信息、打印排版质量太差、有错别字和语法错误等。例如：在工作经历中写明过往工作时间是2019年7月—2023年9月，但具体描述时只写了2019年7月到2022年7月的经历，其他时间为空白，且并未做任何说明；或者把工作或实习过的企业名称写错了等。如果简历里面出现多处错别字和语法错误更是不可原谅的。

二、只关态度，无关专业

著名的福格行为模型（图2-1）表明，行为的产生有三个主要因素：动机、能力和提示（触发）。态度，在动机因素中占主要位置。当动机（motivation）、能力（ability）和提示（prompt）同时发生时，行为（behavior）就会发生。

图 2-1 福格行为模型

撰写简历这个行为的发生同样需要满足这三个要素，且三个要素的能量不同，行为的结果也不同，提示（触发）很好理解，比如：到了毕业季大家都在投递简历；或者要跳槽了，目标企业的待遇很吸引人，这两天正好发布了相关岗位的招聘需求等。有了触发点，假设大家撰写简历的能力水平相当，唯一的变量就是动机了。

A 的动机：写一份简历，快点投递过去，免得耽误了！

B 的动机：这个公司还不错，待遇太吸引人了。

C 的动机：这个岗位与我的职业理想很匹配，我得好好研究下。

对比一下 A、B、C 三人的动机，我们可以预判他们对待这份简历的态度。毫无疑问，在能力相当的情况下，C 的简历撰写效果会更好，因为 B=M×A×P。

撰写简历，首先要过态度关。以下 6 个方面与专业无关，重点在于态度。

1. 诚实守信

你可以不优秀但不可以不诚实。曾有一场校园招聘会，某公司统计

所收集的简历时发现：同一个班共 30 个人投递简历，竟然冒出 16 个 "班长"剩下全是"班干部"。如实填写获得的荣誉、实践经历以及曾经的工作经历，是求职者最基本的素质和要求。

2. 准确无误

如果一份简历错别字连篇、语法不通顺、工作时间关键节点对不上，那么即使简历的主人再优秀，面试官对其印象也会大打折扣。因此，必须确保简历中的每一个字、每一个数据都准确无误。

简历查错歌

简历首查错别字，语句通顺别忘记。时间地点与名称，信息精准要三思。逻辑通顺讲事实，标点符号要注意。关键数据要核对，前后矛盾不可取。

---

3. 整洁美观

排版上要做到干净整洁，最简单的原则就是行距统一、段首对齐、关键信息要突出。简历上不要出现任何文字以外的墨迹。每次投寄或者递交简历的时候最好都用打印稿，少用复印稿。

4. 通俗易懂

不要去考验面试官的认字能力和理解能力，要站在读者的角度尽量减少他们理解字词的时间。生僻字后面用括号注明正确读音，工作经历中涉及的专业词汇也需要简单标注以便读者理解。

5. 简洁明了

网上有句顺口溜形象说明了不同学历的求职者对待简历的不同态度："博士生一张纸，硕士生几页纸，本科生一叠纸。"有研究表明，HR 初选简历的平均时间是 80 秒，再审简历的时间也只有 60 秒。因此简历最好不要超过两页。如果你使用两页简历，务必确保第二页的内容占据纸张的三分之二以上，不然就坚决选择一页的简历。

6. 个性鲜明

不同招聘单位的侧重点是不同的，所以不能为了省事只制作一份简历，然后大量复印投递。"一份简历打天下"的时代已经不存在了。对于不同企业和岗位，每个求职者都需要有针对性地制作简历以展现自己的独特魅力和与岗位的匹配度。

第二节　主题修炼：从海量简历中脱颖而出

一、一份好的简历，20 年前就价值年薪 10 万

无论时代如何进步，人工智能如何发展，想要找工作，第一件事都是写简历。简历好比一份产品的广告和说明书，既要在短短的篇幅内把自己的形象和其他竞争者区分开来，又要切实地展现出自己对于企业的价值，有力地把自己"推销"出去。简历就是帮助求职者获取面试机会的通行证。

回想起二十年前，大四下学期，我们满怀憧憬，开始懵懵懂懂地迈出了进入职场的第一步：写简历。我们班 47 人，无一例外都是套用网上的模板，写姓名、专业、特长、荣誉等。唯一的区别就是有人写得详细点，有人的排版好点。

只有一位"牛人"，他的简历是故事型的。我们的简历都是从大一开

始写到大四，而他偏偏来了个倒叙，从最近的经历开始写。后来在职场历练这么多年，我才发现，这其实是成熟职场人士写简历的基本叙事顺序。我们大多数同学只是在简历中叙述做了什么，就像记流水账。而这位"牛人"，他讲了三段故事，而且每段故事都取了一个很好的标题，比如"全国大学生仅有 4 人拿到的奖，其中有我"。他用了一个很好的主题：故事。

所以，在我们同学大多拿 2000 元工资的时候，他被一家世界 500 强企业录取，转正后第一年就是年薪 10 万。

二、知己知彼，百战不殆

世界 500 强企业怎么看简历？以下内容摘自《世界 500 强企业面试实录与面试试题全案》。

花旗中国区人事部门招聘经理：求职者首先需要换位思考。希望看到的简历：求职目标明确，一页纸的简历，感觉很舒服。

英特尔中国区招聘经理陈女士：中英文对照或全英文书写。希望看到的简历：清晰明了，主要工作经历与申请职位相关，展现英语能力，是负责任、诚实的简历。

贝塔斯曼集团人力资源总监吉先生：不太喜欢美化简历的人，花哨不被看好，会降低信任度；简历或许应该反映他该做的，而不是他不该做的。

爱立信人力资源部副总裁牛女士希望看到的简历：不肉麻；目的性强；表述简洁平实有力，语言清晰；逻辑性强。

联邦快递公司亚太区副总裁：简历不能太夸张，也不能太平淡。要花时间突出自己的不同之处。简历中要阐述三个问题：为什么申请这份工作？为什么你适合这份工作？未来你打算怎样为公司作贡献？

三、F 视觉化法则，好的简历主题真的很重要

企业经理如何筛选简历？

他们是在浏览，而不是在阅读；

他们多是竖着浏览，而不是横着看；

他们多是寻找关键词，而非逐句分析；

他们关注简历的内涵，而不仅仅停留在文字的堆砌上；

他们干的不仅是体力活，还是脑力活。

企业经理们看简历的习惯完全符合"F 视觉化法则"。这个原则的提出者是尼尔森，他是谷歌的一名视觉平面设计师。在长期的工作实践中，他发现一个规律：网民阅读平面媒体（电子书、网站等）的视觉习惯呈"F"状，如图 2-2 所示。阅读第一行的时候，视线会从左到右，形成一条长横线。阅读第二行、第三行的时候，还是从左至右，但是横向不会那么长。再接着，就是竖线向下，呈快速浏览状态。

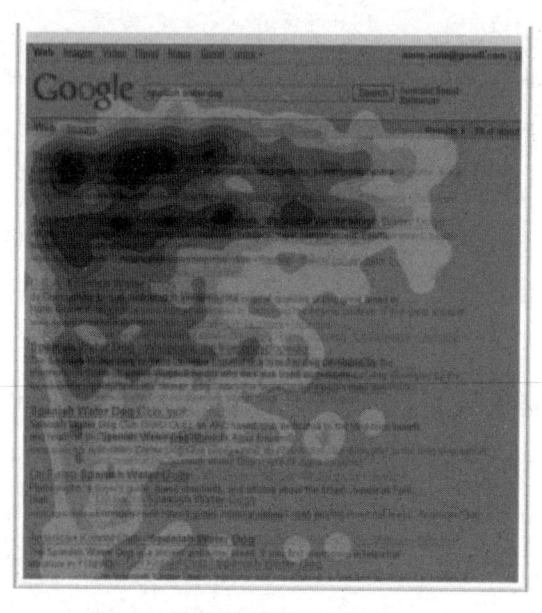

图 2-2　平面阅读"F 视觉化法则"

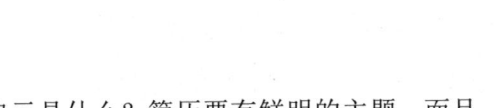

这个法则给我们撰写简历的启示是什么？简历要有鲜明的主题，而且主题、主要观点和关键信息，需要呈现在页面的"F"位置。

四、这些简历主题，建议你多用

主题一：专业能力

这是第一个要突出的主题。关于这个主题，如果站在自己的角度来思考，常规的做法就是：应届毕业生突出自己的专业成绩，跳槽者突出自己的工作成绩。求职者应该先理解企业为什么要强调专业能力。如果弄懂了这个问题，简历就会写得更有高度和深度，这就是底层逻辑。

企业设定了哪些岗位，需要多少人员，这叫定岗定编，也是我们在招聘广告上看到的内容，比如招聘电气工程师2人，这是"冰山"之上的显性部分。有的企业做得细致一点，会把相应的岗位职责放在招聘信息里。至于这个岗位属于哪个部门，在部门里面属于什么层级，在公司里面属于什么地位，这个岗位的能力要求分为几级，每一级的具体要求是什么，这个岗位的晋升通道是什么……类似这些问题，都埋藏在"冰山"之下，而它们往往是最值得关注的问题。这些问题即使你入职了企业，如果不是在人力资源、学习发展等类似部门工作，如果你不是一个有心人，还真不一定会去认真了解。但是，这些问题往往是最值得了解的。如果你在撰写简历时懂得这个逻辑，作为应届毕业生，你就是在"升维"打击你的竞争对手；作为职场精英，你已经开始傲视群雄了。

举个例子吧。中国移动将门店营销代表的岗位能力分为三个级别：新任、发展和优秀。每个级别的能力维度相同，但具体能力要求不一样。比如对专业技能的要求，新任阶段重在业务知识、销售技巧和客户服务；发展阶段重在重点产品推荐、捆绑营销和一般投诉处理；优秀阶段重在结构化表达、学习总结和新员工指导。如果我们懂得了背后的逻辑，撰写简历的时候，就会突破传统的做法，不再笼统地强调自己是市场营销专业，做了多少年销售等，而是更深层次地突出自己的专业能力，比如销售方面的能力、捆绑营销的能力（如果应聘的岗位是"新任"营销代表，你的这个能力已经在企业岗位能力字典的"发展"级别了）、结构化思考的能力（在企业岗位能力字典里面，这个属于"优秀"级别的能力）。企业拿到这样的简历，你说会不会心动呢？

综上，优秀简历在专业能力描述上与一般简历的不同如图2-3所示。也许你会说，这相当于开卷考试了，我们怎么知道这么详细的标准答案？认知突破了，自然会有答案。凡事多问"为什么"，深挖"有什么"，不局限于自己看到的部分，就是突破的路径。比如我们看到一则招聘信息，不仅要关注岗位职责、岗位有多少人，还要做个有心人，去企业的主页认真搜集企业的简介、组织架构、经营年报、历年招聘信息等，结合互联网上的各种新闻报道，你自然能分析出更有价值的信息。即使得出的答案细节与企业的标准答案不一样，你的维度也升级了，你挖掘得更深了，这就是优势。

```
┌─────────────────┐      ┌─────────────────┐
│    一般简历      │      │    优秀简历      │
│  专业能力描述    │      │  专业能力描述    │
├─────────────────┤      ├─────────────────┤
│    就读专业      │      │ 就读专业与专业成绩│
│  专业成绩如何    │      │  专业能力维度1   │
│工作经历与专业相关│      │  专业能力维度2   │
│      ……         │      │      ……         │
└─────────────────┘      └─────────────────┘
```

图 2-3　优秀简历在专业能力描述上与一般简历的不同

主题二：创新能力

这个时代每天都在迎接创新、适应创新、拥抱创新。自1935年以来，标普500指数成分股的寿命已从90年下降到不足20年，而且还在持续缩短。按照目前的更替速度，不到10年，在标普500指数的全部成分股中，将有 75% 会被新面孔取代。被标普 500 指数抛弃的大多数股票最终将被人们彻底遗忘，或是被竞争对手收购，又或是被新品牌替代。在这些失败的公司中，不乏睿侠、西尔斯、康柏、雅虎和戴尔等昔日超级品牌。当年的大公司也有可能被赶出标普 500 指数，比如惠普、盖璞和卡夫亨氏。有的大品牌正在沉沦，比如捷豹、路虎、克莱斯勒、全食和美国在线等。

有失败，就会有成功。2023 年 8 月，华为 Mate 60 Pro 手机正式发布，该手机实现了 13000 多个零部件的自主生产、4000 个电路板的国产化，同时也孕育出了可以取代国外芯片的麒麟 9000S 芯片。此外，"墨子号"量子卫星、"中国天眼"、北斗卫星、天宫一号、C919 国产大型客机、复兴号中国标准动车组、"蛟龙"号深潜器……这些独立研发的大国重器，标志着我们国家的创新能力正在逐步提升，对企业和人才的创新能力的要求也在与日俱增。据中国青年报报道，托举"力箭一号"的青年团队平均年龄才 30 多岁，仅用三年便研制出我国迄今最大的固体火箭。

中国科学技术发展战略研究院发布的《国家创新指数报告 2022—2023》显示，全球创新格局保持亚美欧三足鼎立态势，科技创新中心东移趋势更加显著，中国创新能力综合排名上升至第十位，向创新型国家前列进一步迈进。

撰写简历时，突出自己的创新能力非常有必要，特别是对于市场营销、产品研发、策划、管理等岗位。

主题三：沟通能力

撰写简历和面试问答，就是在沟通（书面沟通和口头沟通）。只不过，在面试环节之前，把"沟通能力"凸显在简历的主题位置，更能体现我们的优势，更能争取到更多的展示机会。

拉勾招聘基于对 874 位企业 HR 的调研结果，发布了《2023 年招聘市场 HR 群体洞察报告》。报告显示，超过一半受访的 HR 每天需要查看

100份以上的简历，73%的HR认为简历中的"重点优势"非常重要。此外，在职场软技能方面，77%的HR认为求职者的"沟通协作能力"至关重要。

如何在简历中突出"沟通能力"主题呢？首先在个人概述或者简历的开头部分，要有"沟通能力"这个关键词。接下来，需要针对沟通能力进行相应的维度拓展，例如与客户沟通、与团队成员沟通、领导能力、书面表达沟通等。最后，还要针对需要重点表述的沟通能力维度，举出真实的案例作为佐证。

主题四：团队合作

飞机的发明者是谁？莱特兄弟。宇宙飞船的发明者呢？你或许会感到茫然。电灯的发明者是谁？爱迪生。LED灯的发明者是谁？网上对此众说纷纭。社会发展至今，分工日益细化，没有哪家公司不重视团队合作。尤其是互联网大厂，更是将团队合作视为重中之重。

华为面试的经典题目包括："你是如何解决团队冲突的？""你是如何处理紧急情况和紧迫任务的？""如果你同时面对多个紧急项目或任务，你会如何处理？""你遇到过难以解决的问题吗？你是如何应对的呢？""当你的项目进度被迫延迟时，你会怎么应对？"回答这些问题时，都有一个标准选项：团队合作。

对于求职国企、互联网大厂、大型外企等单位的求职者来说，在撰写简历时突出"团队合作"这一主题，会更加吸引人，更能引起注意。

主题五：管理经验

千万不要说自己是应届生，还没出社会，何来管理经验？也别说自己一直从事专业技术工作，根本没有管理经验。简历中突出"管理经验"这个主题，能给你带来更多机会。对于应届毕业生，除了增强你胜任意向岗位的说服力，还能将职业选择拓展到企业管理储备人才岗位；对于职场精英，则可以拓展自己的职业赛道，从专业走向管理，何乐而不为？

主题六：充满活力

"职场35岁现象""中年职场危机""996"……这些表述我们耳熟能详。我们不去辩论到底哪个职场年龄段更值钱，或者工作时间应该怎么安排才合理。这些词语的背后，透露了一个信息：职场需要更有活力的人。无论我们是应届毕业生，还是准备转行或者换公司发展的职场精英，都应在简历中展现出蓬勃的朝气，告诉阅读简历的人：我是一个充满活力的人。

主题七：热爱岗位

唯有热爱，不可辜负。热爱很美好，面对困难，你不会放弃；面对不理解，你不会屈服。热爱不可辜负，它需要你自己好好守护。热爱自己的企业，热爱自己的工作岗位，虽然这些不会写进招聘信息，但它们却是企业文化、核心价值观的一部分。只有热爱工作岗位，才能激发出无限的动力和创新精神。同时，热爱也是忠诚的关联词。因此，在简历中突出"热爱岗位"的主题，会给招聘者传递一种信息：我会稳定持续地创造价值。

研究表明，只有23%的人能在半小时后大致描述出他们所看过的简历上的具体经历和职位。他们通常只对简历的主人有一个总体印象。以上7个主题可以根据目标企业、岗位，结合个人实际情况灵活使用。总而言之，总体印象很重要，期待大家在简历中给潜在雇主留下一个好印象。

第三节　结构修炼：打造易读且吸引人的简历

简历的主要内容包括个人信息、求职意向、教育背景、工作或实习经历、项目经历、社会实践、获奖情况、相关技能（如英语、计算机、人力资源等各种等级证书）以及个人评价等。各大招聘网站都提供了标准的大结构模板，我们撰写简历时，只需直接填充相关内容即可。

本节将重点探讨如何在简历的细项中搭建好结构，以突出主题和重点信息，使简历更具吸引力、说服力和信任度，从而抓住面试官的眼球。

一、条项式结构

条项式结构（图2-4），顾名思义，就是逐条逐项把事情讲清楚。这种结构的特点在于能够分层次组织信息，使信息简洁明了地呈现在面试官面前。它主要有三个好处：一是易于理解，将复杂的内容分解成简洁明了的款项和条目；二是易于检索，读者可以通过标题和编号快速定位所需信息，选择性地阅读和查阅；三是提高效率，节省读者的时间和精力。

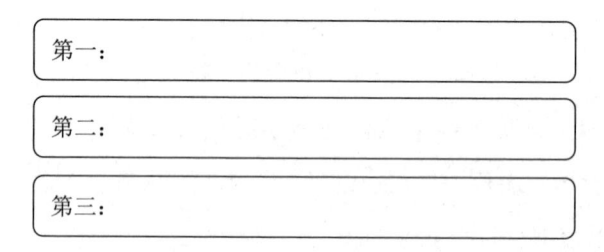

```
┌─────────────────────────────┐
│ 第一：                       │
└─────────────────────────────┘

┌─────────────────────────────┐
│ 第二：                       │
└─────────────────────────────┘

┌─────────────────────────────┐
│ 第三：                       │
└─────────────────────────────┘
```

图2-4　简历正文条项式结构

二、关键词结构

结合招聘岗位的职责要求和其他关键信息，总结出相应的关键词，并在总体概况、工作经历、项目案例或个人评价中有针对性地呈现，这样简历将会更加出彩。

关键词结构（图2-5）的特点是针对性强、匹配度高，能够在最短时间内吸引面试官。特别是在招聘网站平台上创作简历时，如果设置了相关行业和岗位的关键词，被搜索和被关注的概率将会大大提高。例如，对于新媒体岗位，可以设计"流量""平台""导流""算法""直播""中控"等关键词。

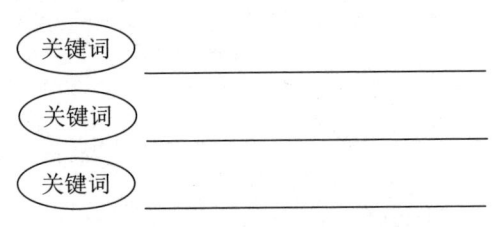

```
关键词  _____
关键词  _____
关键词  _____
```

图 2-5　简历正文关键词结构

三、倒叙式结构

倒叙式结构（图 2-6）的特点是，在保证信息完整性的前提下，把最吸引面试官的信息先传递出去。运用此类结构可以帮助我们筛选和精简相关信息，把握简历的重点内容。

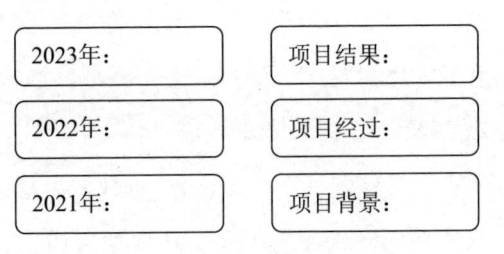

```
2023年:        项目结果:
2022年:        项目经过:
2021年:        项目背景:
```

图 2-6　简历正文倒叙式结构

四、金字塔结构

金字塔结构（图 2-7）用"总分总"的方式串联信息，让面试官知道观点是什么、论据是什么、要强调什么。这是一种非常有用的结构。运用金字塔结构的好处在于逻辑严谨、结构层次清晰，具有可信度和说服力。需要注意的是，金字塔结构需要结论先行，上一层次的观点必须是下一层次观点的概括，同一层级的信息必须属于同一逻辑范畴，并且需要根据实际情况按照一定的逻辑顺序来排列。

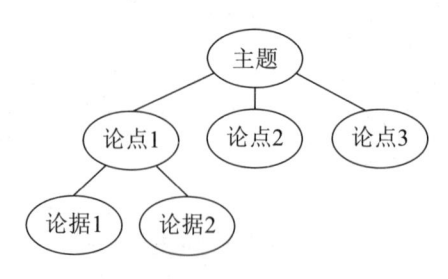

图 2-7　简历正文金字塔结构

五、时空结合结构

时空结合结构（图 2-8）将时间、空间与人物事件结合起来，构成一个立体全方位的三维结构，可以让雇主真实全面地了解一个人。

运用这种结构的好处在于：第一，可以全方位展示工作或实践经历，在创作简历时有更多联想和发挥的空间；第二，可以弥补工作时间和空间的缺陷，使工作或实践经历看起来更饱满。例如，工作或实习的时间不长，写在简历上可能显得单调且没有竞争力，此时可以结合空间来写，将这段时间的工作或实践划分到相关维度，从而使简历内容显得更加饱满。又如，工作过的单位很多，一年就换了几家单位，这个信息呈现在简历上往往不太讨喜。此时可以运用时空结合结构，把重点放在空间线上，聚焦岗位工作内容和实际的项目经历。

时间点1：	工作项目、负责区域、团队构成
时间点2：	工作项目、负责区域、团队构成
时间点3：	工作项目、负责区域、团队构成

图 2-8　简历正文时空结合结构

第四节　内容修炼：让面试官一眼相中

"大四了，一没奖学金，二没获过奖，三没当过班干部，学习成绩也不好，这简历该怎么写啊？"

"简历做花哨了，怕人觉得浮躁；做得平实了，怕人觉得没创意。非一流的学校，也没有得大奖的经历……简历怎么做才出彩？"

"我精心准备的几份简历，投了二十多个公司了，两三个星期过去了，怎么都没有下文。到底是哪里出了问题？"

"基本信息填好了，自我评价与个性爱好却不知如何写下去，真的不知该如何描述自己，难道我是不了解自己吗？"

"简历中到底要写哪些内容？到底要表达什么内容？简历是否就得包装？"

"我同学从上学期就开始策划简历，甚至花钱上了相关培训班，最后花费 2000 多元照了艺术照，精心设计了简历，没想到用人单位还是没有回音。简历到底是越简洁越好，还是越精美越好？"

……

在撰写简历的过程中，你或者身边的朋友，是否有过类似的困惑？撰写简历的过程，就是正确认知自己、有效表达自己并且把自己精准呈现给用人单位的过程。

一、撰写简历的 3 个认知

（一）认知自己

对自己进行彻底的分析，你就能很轻松地知道自己的优势、劣势，以及自己对未来的打算，这些对简历的制作有很大的帮助。

- 你最想要和最在乎的是什么？是增加工作经验、赚更多的钱，还是提高自己的能力？（这是在求职之前要考虑好的事情。）
- 你最不能忍受的是什么？你最不喜欢的工作方式是什么？（了解这一点可以帮助自己更加明确地进行职业定位。）
- 你的优点和缺点是什么？对你的职业发展会有什么影响？
- 你最得意的经历是什么？这对你今后的发展有什么作用？
- 你最失败的经历是什么？你是如何处理和改进的？
- 你最期待的理想型企业和职业是什么样的？

（二）认知企业

提前了解应聘企业与应聘职位的信息，找出自身能力与之相对应的部分，能够帮助你更好地撰写简历，让简历更吸引招聘者的眼球，从而获得面试机会。

- 你清楚你所应聘的岗位和职务是什么吗？
- 该职业需要做哪些具体工作？
- 该职业必须具备什么样的条件和能力？
- 这家企业的企业文化有什么特点？
- 这家企业的产品是什么？市场形象和定位是什么？

（三）认知亮点

在完成前两个步骤后，我们已经分析了自己的优点和特长，以及企业和职位的要求。接下来，就是寻找自己的亮点，找到个人与企业职位要求之间的最佳匹配点，俗称"卖点"。

所谓卖点，其实就是招聘企业最希望了解的东西，可以结合招聘企业和职位的关键因素找到自己最突出的卖点。

列出关键卖点，以及企业所需要的员工的重要特点。举出实例证明你在这方面的能力，把这些关键信息告诉招聘企业。

适度地"包装"自己，让用人单位对你的亮点一目了然。

二、简历的九大组成部分

图 2-9 展示了简历内容的九大关键组成部分，下面将详细解释每一部分的内容及其撰写要点。

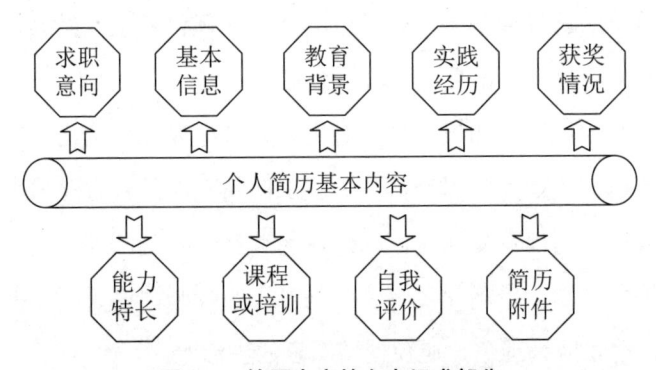

图 2-9 简历内容的九大组成部分

（一）求职意向

潜台词：我的目标定位与招聘职位高度吻合，我正是该职位的最佳人选。

许多求职者会制作一份"万能"简历，然后广泛投递，但这样的简历往往难以吸引企业的注意。求职意向是简历的灵魂，也是撰写简历的起点。在简历正文明确表述求职意向，能够展现你清晰的职业目标，便于HR 快速筛选并转发给相关部门。

注意事项：

- 语言精练、概括性强，最好是一个关键词或者一句简短的话。

- 一份简历对应一个求职意向，以提高匹配度。
- 求职意向要与实际经历相匹配。

（二）基本信息

潜台词：我是谁，我来自哪里，怎么找到我。

基本信息包括姓名、性别、出生年月、籍贯、政治面貌、毕业院校、专业、学历、照片、联系电话、电子邮箱等多个方面。在编写简历时，可根据企业风格和简历格式灵活选择，但姓名、性别、联系方式是必备信息，其他信息的选择应基于应聘单位的性质和职位要求。例如，国有企业或事业单位可能更关注籍贯、政治面貌等。

关于姓名的填写，如果姓名中有生僻字，建议在旁边注上拼音。地域信息一定要填写当前所在城市，以方便HR判断你是否方便前来面试。电子邮箱建议在填写前反复测试，以确保能够及时收到邮件。同时，建议下载手机邮箱客户端，以确保及时收到信息。照片则建议采用标准的证件照或工作照，背景应为纯色，避免使用随意的生活照。

（三）教育背景

潜台词：我曾经的学习成就。

教育背景包括学历教育和培训教育。应届毕业生应重点突出学历教育，而职场人则应重点放在培训教育上。

注意事项：

- 一般按时间逆序排列，最近学历放在最前面。
- 除非有特别重大的奖励，如全国竞赛得奖，否则高中、初中阶段的经历可不写。
- 注明每段教育经历的起止时间段。如果尚未毕业，则写"起始时间～至今"或"在读"。

- 可以适当添加双一流、985、211等标签来突出学历优势。
- 专业要对口。根据职位和自身情况突出优势，规避劣势。
- 课程不宜列多，选择核心课程并突出重点。

(四) 实践经历

潜台词：我有相关的工作经验和实践能力。

相关的工作或实习经历最能体现你与职位的技能匹配度。对于应届生，应该多挖掘社会实践经历以弥补工作经验的不足；对于职场人士，这是简历的重要组成部分。

注意事项：

- 时间处理。工作或实习时间长则突出时间；时间短则弱化时间，强调工作或实习单位及内容。
- 公司名称。介绍工作或实习单位时使用公司全称、简称或市场熟知的品牌名称，新公司或不知名公司可适当介绍。
- 职位名称。即使是实习，也应确定一个具体的职位名称，如"办公室主任助理""营销代表实习生"等。
- 具体实践。应届毕业生可从多维度进行描述，如专兼职工作、勤工俭学、义务工作、学校社团工作、学校课程设计、实习经历等。职场人则着重描述工作经历、项目经历、重大课题研究经历、产品研发经历、市场推广经历等。
- 具体表达。工作成就要具体化、数字化、精确化，避免使用"许多""大量""几个"这样的模糊词汇。

(五) 获奖情况

潜台词：我是人群中最闪亮的那颗星，看过来！

这部分内容涵盖了专业奖项、国家、省、市等各级奖励，校、院、系级奖励以及工作项目奖项等多个方面。

注意事项：

- 用数字说话，先近后远，先重要后次要。
- 对奖项的描述要有区分度。对于 HR 来说，奖学金、优秀学生、优秀干部、先进员工等奖项名称司空见惯。因此，要将所获奖励的难度以数字或获奖范围的形式展示出来，体现奖励的含金量，从而提高简历通过筛选的概率。
- 如果奖项含金量很小，不写比写出来效果会更好。如果奖项太少，不用单独展示，可以和教育或工作经历放到一起。

（六）能力特长

潜台词：我不仅专业能力强，综合能力也很强。

在描述计算机技能时，应少用"熟悉""熟练掌握""很强的操作能力"这样的模糊字眼，因为这些表述没有衡量的标准。可以改用"全国计算机等级考试证书（NCRE）四级证书"或"全国通信专业技术人员中级证书"等精准表达，这样更有说服力。

在描述语言能力时，要有一两个较有说服力的表述，如"顺利通过托福、GRE（美国研究生入学考试）考试""获得校内英语演讲比赛最佳表现奖""曾担任××代表团的口译译员"等。

专业技能是指与应聘职位有关的专业技能、资格证书、认证等。例如，应聘财会专业岗位时可以在简历上注明 ACCA（国际注册会计师）、CPA（注册会计师）等资格。

需要注意的是，在描述能力特长时一定要检查拼写，不能出现错误，尤其是涉及职业技能认证单位、等级、名称的关键词。

（七）课程或培训

潜台词：我有扎实的基本功，并且还在努力精进。

这部分内容应着重体现与招聘岗位或企业有关的教育科目、专业知识以及参加的培训课程等，让用人单位感受到你的学历、知识结构与其招聘条件相吻合。

（八）自我评价

潜台词：我对自己有清晰的认知。

自我评价包括个人性格、价值观、处事态度、兴趣爱好等。建议实事求是、恰如其分地进行自我评价，并通过自我评价让 HR 感受到你的沟通能力、团队协作精神、接受新事物的能力以及解决问题的能力等。

（九）简历附件

潜台词：我可是有备而来。

简历附件主要包括能够证明自己的一些文件材料，如设计作品、曾出版的作品、专业资格证书以及具有代表性的获奖证书等。注意控制页面数量，如果附件过多，建议将多份文件集中在一个页面。同时，注意排版美观，在不影响展示的情况下尽量压缩精简。

第五节　创新修炼：好的简历可不是千篇一律的

在求职过程中，简历是你的第一张名片，如何让它在众多简历中脱颖而出？创新是关键。下面将从简历关键词、表现形式、数字和比例的运用，以及求职信的撰写四个方面，探讨如何打造一份富有创意的简历。

一、对简历关键词进行创新

时代在变迁，简历也需要与时俱进。如"稳重""谦虚""稳定"等传统词已逐渐淡出人们的视野，取而代之的是更具互联网气息的热门词语，如"朋友圈人脉过千""全网粉丝 10 万＋""适应通宵加班、可长期出差""精通 AI 技术"等。这些词不仅富有个性色彩，还与当前的职场环境紧密相连。求职也要紧跟潮流，如果简历中缺少这些互联网高频词，你可能就跟不上时代了！

二、对简历的表现形式进行创新

以张同学为例，他作为一名电子工程专业的学生，在应聘某汽车品牌产品开发岗位时，巧妙地将自己的简历设计成了该品牌汽车产品说明书的形式。封面融入了 HR 最希望看到的元素：新产品、企业标志、企业名称、企业识别色等。

创新点分析：张同学打破了简历的传统表现形式，深入洞察招聘方的心理需求，并紧密结合企业的业务实际，将个人介绍与企业形象完美融合。这种创新的实现，得益于他细致的资料查阅、充分的调研工作以及深入的思考、分析和总结。

三、巧用数字和比例进行创新

数字和比例是简历中极具说服力的元素。例如，将"多次获得奖学金"改为"每年均获得一等奖学金，共 4 次，其中 3 次为国家级奖学金"，这样的表述更具体、更有说服力。同样，"2021 年参与全国挑战杯竞赛获得金奖"可以改写为"2021 年参与全国挑战杯竞赛，从 203 支参赛队伍中脱颖而出，一举夺魁"，这样的描述更能凸显你的实力和成就。再比如，"在快节奏的环境里把工作做得游刃有余"可以具体化为"每天上午搜集 200 份客户基本信息资料，下午逐一进行电话拜访，晚上继续跟进整理，完成客户筛选和分级"，这样的描述让 HR 能更直观地了解你的工作能力和效率。

四、写一封出色的求职信

求职信，也称为自荐书或求职书，是求职者直接向用人单位介绍自己情况、表明求职意图并希望被任用的书信体应用文。与简历相比，求职信更加主动，它更像是求职者向用人单位抛出的"情书"。

罗永浩曾公开表示，他人生中的关键一步就是进入新东方，而他进入新东方的方式也很特别——给新东方创始人俞敏洪写了一封长达 10000 字的求职信。这封求职信的成功之处，在于它精准地解决了两个关键问题：对方需要什么？我能提供什么？

如何写好求职信？就要关注这两个关键点。第一，对方需要什么？应聘不同企业、不同岗位时，求职信的内容也应有所不同。切忌套用模板，而应根据企业的招聘需求和岗位特点进行个性化撰写。第二，我能提供什么？在清楚了解企业的招聘要求后，有针对性地撰写求职信，突出自己的优势和能力，从而提高求职成功的概率。

求职信的四大部分：标题、称呼、正文、结尾，每一部分都至关重要。

①标题要有特色，它是吸引用人单位的第一步。你可以选择用一句话

概括自己的优势，或者用幽默的方式表明求职目的，也可以直接写上"自荐信"三个字。例如，罗永浩的自荐信标题就是"给我个机会面试吧，我会是新东方最好的老师"，既直接又自信。而网上流传的达·芬奇的求职信，标题则是"致米兰大公书"，简洁而富有历史感。

②称呼要具体，体现出你对用人单位的尊重和关注。在称呼中，你应该写明收信人的姓名和职务。如果对方有多个职位，记得挑选与求职岗位最相关的那个。比如，"俞校长您好""张博士您好""尊敬的王大江董事长"等，这样的称呼既准确又得体。

③正文是求职信的核心部分，它需要亮点来吸引用人单位。正文包括消息来源及自荐理由、基本情况介绍、经验与成就、被聘用后的打算等内容。在消息来源及自荐理由部分，说明招聘信息来源及应聘原因；基本情况介绍部分是重头戏，要用精练的语言系统地介绍自己；经验与成就部分可以单独介绍，也可以穿插在基本情况里面，用具体事例支撑能力；被聘用后的打算部分，要表达自己的期望和决心，让对方感受到你对这份工作的热情和期待。

④求职信的结尾应该简洁明了，主要包括敬语、落款和附件（如果没有附件，可以省略）。在结尾部分，你要表达两层意思：一是表达期盼的心情，力求获得一次面试机会；二是表达敬意和祝愿，让对方感受到你的礼貌和真诚。一个得体的结尾会给你的求职信加分不少。

第三章

商务邮件写作：
笔尖下的商业谈判

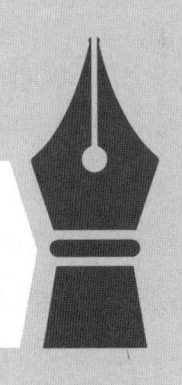

第一节　商务邮件主题的新趋势

商务沟通中，邮件作为核心交流手段，其效能高低直接取决于能否迅速吸引目标受众的注意力。以公司新人力资源制度的发布为例，传统主题如"公司2024年最新人力资源制度已颁发，请接收"及"最新通知：公司2024年人力资源制度"，因缺乏针对性、紧迫感和吸引力，可能导致点击率与阅读完成率不尽如人意。此类标题多从发件方立场出发，忽略了受众的个性化需求与心理动机。

为改善这一状况，建议将主题调整为更为直接、紧迫且与员工利益紧密相关的表述，如：

【重要】"告全体员工书：2024年关乎您切身利益的大事"

【限时】"2024年最新人力资源制度颁布，全体员工须在24小时内确认"

【变革】"致全体员工：2024年，携手共创发展与变革的新篇章"

这些新主题不仅明确了邮件内容的广泛适用性，即面向全体员工，还通过"关乎您切身利益""在24小时内确认"及"携手共创"等表述，强化了邮件与员工的直接关联性和时间紧迫性，从而有效激发员工的阅读兴趣。

在与客户沟通时，我们同样需要巧妙地运用策略。例如，公司推出重大优惠政策时，邮件主题可构思为"基于我12年行业经验，此政策堪称本公司乃至行业近5年之最，独家特惠，与您息息相关"。此举旨在彰显政策的非凡价值及其与客户的紧密联系。同时，为了让客户产生紧迫感，我们可附加说明："特惠期限仅3个月，优惠力度逐月递减，初期支持最为强劲。"以此鼓励客户迅速采取行动。

撰写高效商务邮件的核心在于吸引客户注意。从主题、内容到格式，每一环节都应精心设计。然而，不容忽视的是，邮件的打开率普遍偏低。Mailchimp 曾经统计过，各行业邮件的平均打开率仅为 21.3%。Mailjet 的调研显示，37.3% 的邮件发送企业面临的最大挑战是邮件在收件箱中的可见度问题。因此，提升邮件的吸引力和针对性尤为重要。

为什么商务邮件的打开率和阅读率都不甚理想？这背后涉及一个心理学原理：选择性注意。此原理指出，在外界诸多刺激中，人们只能注意到某些刺激或刺激的某些方面，而忽略了其他刺激。因此，我们需要利用相关性、利益性和紧迫性这三个特性来引导客户关注我们的邮件。

①相关性：邮件主题需要与客户的兴趣、需求或背景紧密相关。例如，"致湖北籍员工的一封信""××公司 2023 年优质供应商答谢晚宴邀请函"，这些主题通过明确与特定受众或事件的紧密联系，展现了高度的相关性。

华为总裁办发布的任正非电子邮件讲话文件，其主题为"任总在高端技术人才使用工作组对标会上的讲话"，详尽包含了发言人、目标群体、会议主题及文件性质，确保了信息的精准传达。

②利益性：邮件主题需要向客户展示相关利益和价值。具体如何实现呢？从客户视角出发，明确邮件对客户具有实用性，并使用吸引人的词汇来突出其独特性。例如"2024 年十佳新品发布""×领域 3.0 创新技术""突破性成果"等。需要注意，利益性的表述应避免使用过度夸张或误导性的词汇，以免损害信誉。

③紧迫性：邮件主题应营造紧迫感，促使客户感到行动的必要和紧迫，可通过"紧急""重要""期限"等词汇来强调。

综上，高效的商务邮件主题需要融合相关性、利益性和紧迫性三要素，通过精心设计的标题和正文内容吸引客户，激发其采取行动的兴趣和动力。这样，我们的邮件就会在客户的收件箱中脱颖而出。

第二节　得体方能服人：商务邮件的标准格式

无论是写邮件、回复邮件还是转发邮件，都应遵循一定的格式规范。一封得体的商务邮件应包含收件人、主题、称呼、问候语、正文、附件和签名七大要素。

一、收件人格式

收件人是邮件的直接受理人，对邮件内容负责并作出回复。收件人可为一人或多人。如果邮件内容需要让其他人了解，可以酌情使用抄送（CC）和密送（BCC）功能。抄送对象无回复义务，而密送对象的地址不会显示在收件人邮件中。

注意事项：

- 确认收件人是否正确，包括抄送和密送对象，以避免麻烦。特别是邮件内容涉及商业机密时，发错的后果非常严重。
- 反复确认收件人姓名和地址，尤其是通讯录人数众多时，以免混淆。
- 有多个收件人时，要根据职位等级、内容相关性等维度排列顺序。

二、主题格式

邮件主题是收件人了解邮件的第一信息，对邮件能否被打开起着决定性作用。主题应明确、精练，与收件人密切相关，重在表达对方需要了解的信息。

第三章　商务邮件写作：笔尖下的商业谈判

下列左右两组邮件主题，哪一组更能吸引你？

项目日志	×项目日志统计表（2022年6月1日—8月5日）
Hi，亲爱的吕总	敬呈吕总：×项目结项报告（×与贵司年度合作品牌项目）
新订单	新订单—美国 Plugable 5K 4521US3 PO1354
包材更改	欧洲 A 客户×型号说明书更改
年会节目和放假通知	所有员工春节前最重要的两件事：年会节目安排和放假通知
深圳工厂，寻求合作	××寻求海外合作，中国最大的线路板制造商

毫无疑问，右边的邮件主题更能吸引人进一步阅读。它们包含精准的表达对象，"×项目""欧洲 A 客户""所有员工"，而且陈述的事实非常具体，"结项报告""说明书更改""寻求海外合作"，并且对事实有相关的描述说明，"×与贵司年度合作品牌项目""春节前最重要的两件事""中国最大的线路板制造商"，进一步增加了信息的精准度，增加了可信度和说服力。

注意事项：
- 主题不能是空白的。
- 主题应反映邮件的具体内容，体现重要性或紧急性。
- 一封邮件尽可能只有一个主题。
- 可以适当使用大写字母或特殊符号来突出主题。
- 在回复邮件时，需要根据回复内容重新撰写主题，避免使用"RE-RE"等字符串。
- 主题中不可出现错别字和不通顺之处。

三、称呼格式

商务邮件的开头应称呼收件人,既显得礼貌,也明确提醒收件人此邮件是发给他们的,要求其给出必要的回应。称呼一般根据职务、性别、群体等维度来确定。

如果对方有职务,一般以职务尊称对方,比如"王总""方经理""李校长""王主任"等;如果不清楚职务,按"×先生""×小姐/女士"称呼;在有多个收件人的情况下可以逐一称呼,或者统一称呼"大家""各位";如果不清楚收件人的相关信息,可以统称"敬启者"。为了体现尊重,可以在职务、性别之前加上特定形容词,比如"尊敬的王总""敬爱的李老师""亲爱的莉莎"等。

在外贸商务邮件中,如不知对方姓名只知头衔,可用"Dear(亲爱的)+职务"作为称呼或用"Dear Sir or Madam(亲爱的先生或女士)"作为称呼;如只知对方姓名不知性别,可用"Dear+全名";如邮件为一封通函,则用"Dear All"作为邮件称呼。

注意事项:

- 称呼应顶格书写。
- 明确收件人职务、性别,以示尊重。
- 不直呼对方姓名。
- 有多个收件人时,按主次、职位高低等排序。

四、问候语格式

在邮件的称呼之后,正文之前,应有简单的问候语。问候语的作用是表示礼貌和尊敬,并为展开正文做好铺垫。

问候语的类型包括以下几种。

- 通用问候语：如"您好""向您问好"，简单明了，展现关心态度。
- 时间问候语：如"早上好""下午好""晚上好"，表示对时间的关注。
- 回忆式问候语：如"见字如面，上次和您会面后，转眼两周过去了""阳春三月，与您相遇在广州，依然历历在目"，拉近心理距离。
- 直入主题式问候语：如"有一个好消息告诉你""我们来信是为了……"，开门见山，直入主题。
- 恭喜式问候语：如"听闻贵司即将主办本次博览会，来信表示祝贺""×项目顺利结束，向您及全体项目组表示祝贺"，通过表达祝贺和对对方的认可，增强邮件的亲近感。
- 致歉式问候语：如"由于公司优惠政策今日才正式确定，让您等了两周，再次对您表示抱歉""由于我的疏忽，您上次的邮件没有及时回复，深感抱歉"，表明诚恳态度，体现对收件人的尊重。
- 诗意式问候语：如"春风送暖，万物复苏。迎着春风带给您一个好消息""秋色怡人，硕果累累。值此丰收季节，与您沟通……"，带给人诗意和美感。

五、正文格式

商务邮件正文建议采用"总—分—总"的结构，层次分明，便于收件人理解。正文应开门见山，说明写邮件的背景、原因和目的，然后把具体事项、问题说清楚、讲明白，最后以礼貌的祝福或愿望结束。比如，"请您考虑，有任何需要咨询的，请通过电话或电子邮件联系我""希望我们能够达成合作""感谢您抽空洽谈"。

撰写正文的原则包括：

- 文题一致：正文应与主题相关，把收件人关心的事情讲深讲透。
- 简洁清晰：用最少的笔墨把事情说清楚，多用短句和平实的语言。
- 情理结合：既要摆事实、讲道理，又要将心比心讲感情。
- 正确无误：人名、地址、时间等重要信息不可出现错误，避免错别字和病句。

六、附件格式

附件是邮件的重要组成部分。如果邮件有附件，应在正文中简要说明附件内容，并提示收件人查看附件。附件可以直接附在正文末尾，方便收件人直接阅读，也可以用附件格式存储超大文件或特殊格式文件。

注意事项：

- 附件名应该注明具体内容，例如"附件1-项目工作计划表"。
- 附件中的文件数目较多时应打包压缩成一个文件。
- 特殊格式文件应在正文中说明打开方式。

七、签名格式

邮件末尾加上签名，可以让收件人知道发件人的具体信息，便于后续沟通合作。同时，邮件签名也代表了公司的品牌形象。

签名内容应以关键信息为主，一般包括姓名、职务、公司、电话、传真、地址等信息，排版要整齐美观。签名的字体应与正文的字体相匹配，避免出现乱码，字号一般比正文字体小。建议设计多个签名样式，以满足不同场景和收件人的需求。

第三节　见字如面：用邮件与客户进行高质量沟通

熟悉了邮件的标准格式，只是掌握了"基本功"，要写出高质量的邮件，还需要深入修炼"内功"。好的邮件应具备三个特点：要让人看得懂，即格式规范、逻辑清晰；要有吸引力，能够引起收件人的注意；要融入情感，让收件人感受到真挚的情感，从而主动付诸行动。

举个例子，公司年底要举行大客户答谢晚宴，你很高兴地看到邀请名单上有一些你的客户。这无疑是与老客户维护好关系的绝佳机会，于是你想立刻把这个好消息分享给相关客户。

在撰写这封邮件时，如果只是简单地写道："尊敬的××，您好。在奋斗的过程中，感恩一直有您的支持……我们公司年底将举办答谢晚宴，诚邀您参加。具体信息请见附件。"这样的邮件，收件人很可能会觉得是公司通稿，发给每个人的都一样，甚至可能会想：什么答谢晚宴，不过是另一种营销手段而已。

因此，写邮件时需要更深入地思考。答谢晚宴对公司来说是一场盛事，但对客户来说，他们可能有更重要的事情要处理。那么，如何吸引他们呢？如何有效传达晚宴的价值呢？

经过一番思考，你可能会这样写："尊敬的××，您好。在奋斗的历程中，我们一直感激有您的陪伴……我们公司将于年底举办一场答谢晚宴，本次晚宴的主题是'感恩同行，变革互动'，这是专为公司2023年的重大合作伙伴以及未来最具潜力的战略合作伙伴量身打造的盛会，晚宴将为贵司及您个人带来五大重要价值……我们诚挚地邀请您莅临，期待能尽快收到您的确认回复。由于晚宴的特邀嘉宾人数有限，我会提前一周再次与您确认出席事宜。具体信息请参见附件。"这样的表述既展现了晚宴的价值（"五大重要价值"），又给予了客户足够的尊重（"量身打造""重大合作伙伴""特邀嘉宾"），同时还营造了一种紧迫感（"人数有限"），从而有效地吸引了收件人的注意。

然而，这还不够。你与这些客户交往已久，有的甚至建立了深厚的私人友谊。如果邮件过于正式，就缺少了情感传递。人与人之间，高效的沟通往往离不开情感的交流。那么，如何融入情感呢？

你可以这样写："尊敬的××，您好。自从上次见面以来，又过去了一周，甚是挂念。这次联系您，是因为我有一个重大的好消息想第一时间与您分享……本次晚宴的主题是'感恩同行，变革互动'，我们特别为重大客户和未来最具潜力的合作伙伴准备了五大价值。上次您提到贵司正在进行战略规划和相关业务重组，我认为这次晚宴有三个重点值得您关注，特此与您分享。第一是……第二是……我们诚挚地邀请您亲自带领团队出席。据我了解，届时××、××也将被邀请。再次与您确认晚宴的信息：时间是××，地点是××。我会在晚宴前再与您确认行程……"

通过邮件与客户沟通时，双方无法面对面交流，缺乏真实的互动。如果你仅仅把事情讲清楚，那只是单方面完成了信息的传递，离你预想的最终目标还相差甚远。沟通是一个相互交流的过程，既要有信息的传输，也要有信息的接收。我们既要考虑信息传输的质量，更要考虑信息接收的效率。

通过邮件进行沟通的整个过程如图3-1所示，其中发件人是你，收件人是对方，邮件是沟通的渠道。撰写邮件的过程可以被视为一个"编码"的过程，即你将想要表达的信息以邮件的形式传递给收件人。当对方收到邮件后，他们如何理解这封邮件，则是一个"解码"的过程。收件人能否正确解码，除了取决于他们自身的理解能力外，更关键的是你的编码能力。

渠道与环境

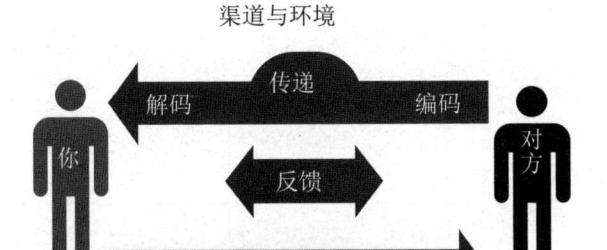

图 3-1　商务邮件沟通过程模型

在图 3-1 的中间部分，我们看到了沟通的一个重要因素：反馈。在编码的过程中，你可以通过邮件向对方提供相关信息作为反馈。同时，你也可以巧妙地引导对方，在阅读邮件的过程中给予你积极的心理反馈，比如"说得太好了""还真是这样"等。当然，在高质量的邮件沟通中，更有效的反馈方式是收到对方的回信。这时，对方变成了编码者，而你变成了解码者。如此循环往复，才构成了一个完整的沟通环。

如图 3-2 所示，沟通过程常常受到多种因素的影响。而借助邮件与客户展开高质量交流，能规避这些干扰、激发积极反馈，进而完善沟通闭环。

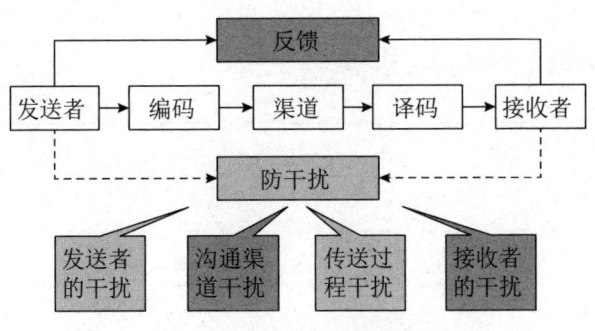

图 3-2　高质量邮件沟通过程

回顾本节开头提到的邀请客户参加答谢晚宴的案例，我们不难发现，高质量的商务邮件实际上遵循了图 3-3 所示的 4 个撰写步骤。

```
                                        ┌─ 第1步：聚焦主题 ── 概括主题+要实现的目标
                                        │
撰写高质量                               ├─ 第2步：组织内容 ── 讲清楚+有吸引力+有情感
邮件的步骤                               │
                                        ├─ 第3步：梳理逻辑 ── 灵活运用金字塔原理
                                        │
                                        └─ 第4步：整理成文 ── 格式规范
```

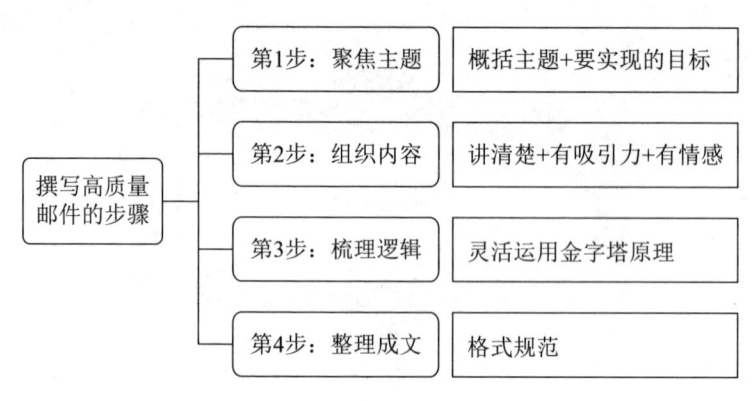

图 3-3　撰写高质量商务邮件的 4 个步骤

我们通过一个案例来深入理解这四个步骤。

某家居品牌市场专员王晓琳，主要负责公司市场调研及部分市场开发和维护工作。近期，一家经销商因某款产品多次遭终端客户投诉而情绪激动，直接将投诉信发至市场部经理邮箱。由于原负责此经销商的同事已离职，经理决定委派王晓琳处理此投诉。面对此景，王晓琳是怎么应对的呢？

一、第 1 步：聚焦主题（概括主题 + 要实现的目标）

我们来看看王晓琳准备的回复草稿。

发件人：市场部王晓琳
收件人：×× 公司
主题：Re×× 产品质量投诉，盼解决
×× 公司： 　　您好。 　　您着急的心情我们可以理解，但您上次来信质疑我们的产品，这不合情理。 　　自从我接手后，已经前后沟通了 3 天，目前这是我们能提供的最好的解决方案。 　　如果您实在有意见，可以拨打我们的客服电话。

如果你是邮件接收人，你会从中捕捉到哪些信息呢？答案可能不尽相同。你可能会感受到强烈的负面情绪，认为对方对投诉极为不满；或者，你可能会觉得对方已尽力处理此事，不愿再纠缠；甚至，你可能会觉得对方在推卸责任，要求你向其他部门寻求解决方案。

这封邮件之所以引发这样的困惑，主要是因为它在短小的篇幅内传递了多层模糊且似乎相互矛盾的信息，使得收件人难以从中获取任何明确和有价值的内容。这种情况的根源，往往在于邮件主题不明确和缺乏针对性。

那么，什么是"主题"呢？简单来说，主题就是对邮件全部内容的概括。为了更好地提炼主题，我们可以进一步思考：我发送这封邮件的真正目的是什么？

以邀请老客户参加答谢晚宴为例，邮件主题用一句话概括是：邀请老客户参加公司年度答谢晚宴。要达成的目的是：客户能够准时参加（可能的话，邀请其成为分享嘉宾）。

现在，让我们尝试明确上述投诉案例的邮件主题。如果投诉刚刚发生，且我们尚未形成系统的解决方案，那么客户最关心的可能是我们对待投诉的态度。在这种情况下，邮件的主题应该聚焦于"我们对本次投诉的积极回应和处理态度"，目的是"清晰解释事实，平复客户的情绪"。如果公司已经制定了明确的处理方案，那么邮件的主题应该转变为"关于本次投诉的解决方案"，以促使客户理解并接受我们的解决方案，从而维系良好的合作关系。

通过聚焦不同的主题，邮件的内容和表述也会相应地进行调整，以确保信息的准确传达和接收者的有效理解。

二、第 2 步：组织内容（讲清楚 + 有吸引力 + 有情感）

为了更有效地进行这一步，建议从"讲清楚 + 有吸引力 + 有情感"这

3个层次系统地思考和整理要表达的内容。这样不仅可以确保邮件内容的条理性，还能增强邮件的吸引力和情感共鸣。以王晓琳为例，如果她选择的主题是"关于本次投诉的解决方案"，那么她可以按照表3-1所示的模型来组织邮件的内容。

表3-1　从3个层次组织"关于本次投诉的解决方案"的邮件内容

事项	内容层次1： 讲清楚	内容层次2： 有吸引力	内容层次3： 有情感
自我介绍	介绍姓名、岗位，明确身份	现在由我来负责处理此事，请放心	我深知您对此事的不满，对此深表理解
确定事情缘由	清晰阐述事情的始末	公司对此高度重视，已展开调查	我们再次确认细节，以表示对您的尊重
现状是什么	详细说明事情处理进度	专项团队、专人对接，确保效率	我们始终以客户为中心，为您排忧解难
具体解决方案	逐一列出解决方案	分析各方案的利害关系	我们致力于达成双赢，共同解决问题
期待达成一致	希望事情能画上一个圆满的句号	我们愿与您共同面对终端客户，共谋发展	在困难面前，我们与您并肩作战，共同面对

通过这样的组织方式，王晓琳可以确保她的邮件内容既清晰明了，又富有吸引力，并能引发情感共鸣。这样不仅能够有效地传达解决方案，还能够深化与客户之间的沟通和理解，从而有助于建立更加稳固的客户关系。

三、第3步：梳理逻辑（灵活运用金字塔原理）

完成第2步后，梳理已有的内容素材并搭建邮件的逻辑结构，如图3-4所示。

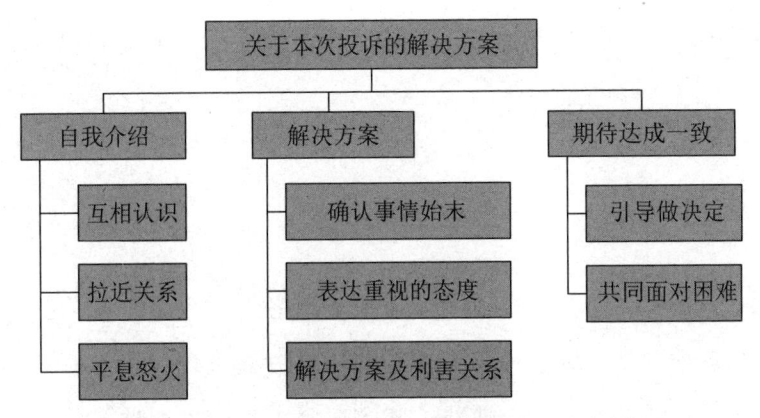

```
                关于本次投诉的解决方案
          ┌────────────┼────────────┐
       自我介绍      解决方案      期待达成一致
          │            │            │
       互相认识    确认事情始末    引导做决定
          │            │            │
       拉近关系    表达重视的态度  共同面对困难
          │            │
       平息怒火    解决方案及利害关系
```

图 3-4 "关于本次投诉的解决方案"邮件的逻辑结构图

四、第 4 步：整理成文（格式规范）

根据梳理出的逻辑结构整理出邮件正文。

发件人：市场部王晓琳
收件人：××公司
主题：致王总，公司关于 10 月 15 日×产品投诉的具体解决方案
尊敬的王总： 　　您好。非常抱歉，关于上次×产品的投诉处理进度让您久等了。 　　我是王晓琳，来自××公司市场部，担任市场专员。由于原负责人××因个人原因已离职，现由我接替其工作。我对此事已有初步了解，并对您在此事件中遇到的困扰深感理解。 　　目前我们了解到的情况是这样……公司领导对此高度重视，已决定成立由生产部、市场部和客服部组成的联合调查组，近期将前往门店，协助处理本次事件。我们的具体解决方案为……厂商一体是我们公司一直坚持的渠道战略，面对问题，公司将与经销商朋友共同应对。产品质量是核心，客户口碑是生命，我们提出以上解决方案，旨在从根源上解决问题，以维护我们共同的产品形象和后续运营。 　　以客户为导向是我们共同的追求，期待我们在×月×日见面，共同面对终端客户，圆满解决问题。 　　如有任何意见，请随时与我联系。 　　××公司市场部　　王晓琳 　　手机：13700000000 　　微信：××× 　　邮箱：×××

第四节　实战修炼：六大类商务邮件写作技巧

一、陌拜邮件

陌拜邮件，即陌生拜访邮件，主要用于与客户进行初次沟通。在多数情况下，客户与发件人并不相识，双方尚未建立商业联系。陌拜邮件旨在引起对方兴趣，使双方建立联系，为后续沟通合作创造有利条件。

王经理：

您好！非常荣幸能够与您联系。我是×公司的推广专员李军。今天将我们公司的几款核心产品报价及相关介绍发送给您，请您查阅附件！我想这些产品应该都是贵司比较感兴趣的。如果邮件中有不清楚的地方，请您联系我，电话：13700000000。

祝商祺！

×××公司
李军

上述陌拜邮件虽然简洁，但从收件人的角度分析，存在以下不足。
①自我介绍与公司简介过于简略，缺乏吸引力。
②初次沟通，措辞显得随意，有替客户做决定之嫌，显得尊重不足。
③结束语太简单，且流于形式，没有实际意义，缺乏后续联络的伏笔。
④格式不规范，落款处没有个人签名。

优秀的陌拜邮件需要满足五大要素：专业问好、展示实力、抛出价值、埋下伏笔、精准联系。具体应用示例如表 3-2 所示。对于收件人而言，发件人的身份并非关键，其背后的公司实力才是重点；公司业务范围并非核心，行业或领域内的成就更受瞩目；所推荐的业务并不重要，关键在于能为客户带来的实际价值。

表 3-2　专业陌拜邮件应用五大要素示例

要素	专业的邮件	一般的邮件
专业问好	我是自动化配件排名前三的×公司的市场经理	我是×公司的小李
展示实力	我们公司的成就	我们公司是做什么的
抛出价值	结合贵司的业务，我们可以为贵司带来如下价值	无
埋下伏笔	预约当面拜访	无
精准联系	完整个性签名	我的电话是……

二、跟进邮件

"销售不跟踪，最终一场空；管理不落地，费时又费力。"无论是销售还是管理，适时跟进都是确保成功的关键步骤。在日常工作中，邮件是跟进的重要工具。

1. 已成交客户的跟进

这类客户选择了我们的产品，就意味着已经建立了信任基础。此时，他们最关注的是购买的产品和服务是否物有所值，以及未来是否值得继续合作。因此，跟进邮件应聚焦于消除他们的疑虑，增强合作信心。

在撰写这类跟进邮件时，内容应聚焦于产品体验、服务满意度、增值服务的提供以及客情关系的维护等方面。同时，邮件要个性化，要让客户感受到被尊重和重视。

2. 从未回复邮件客户的跟进

对于这类客户，邮件需要保持积极热情的态度，避免流露出负面情绪。

在内容层面，可直接询问未回复的原因，并尝试用创意的主题和精简的内容吸引客户。比如："赵经理，您好。我是×公司的渠道经理李军，已发三封邮件未获回复，心感焦急。请问您是否较少查阅邮件？若方便，请告知您偏好的联系方式。我这边有一项合作事务，想尽快与您对接，我的联系方式是……"

在技巧层面，应在主题上另做思考，用更有创意的表达来吸引客户点开邮件；同时精简内容，明确向客户传递信息：我们是友好的，能够给您带来业务上的帮助。

3. 有回复但未成交客户的跟进

这类客户存在疑虑，邮件应着重识别并解除这些疑虑，传达出致力于解决问题的态度，而非单纯推销产品。撰写跟进邮件时，不能操之过急，不能让客户感觉我们在催单，以免适得其反。

总之，邮件应让客户感受到，他们面对的不是一封冷冰冰的电子邮件，而是一个始终保持沟通、乐于合作的伙伴。

三、求助邮件

求助邮件是工作中寻求他人帮助的有效工具。撰写时，需通过清晰的文字描述三个关键问题：收件人为什么要帮你？你需要什么帮助？如果不能帮你，还可以怎么办？

举个例子：

某公司的广州分公司想在年终策划一场客户答谢晚宴，市场部主管林红被公司委以重任，担任总负责人。由于时间紧迫，且缺乏类似经验，林红感到非常着急。得知上海分公司市场部经理李军组织类似活动的经验丰富，林红决定写邮件求助。可是，两人在工作中少有交集，她该如何写这封邮件？

林红撰写这封邮件的目的很明显，即听取专家意见，最好能够尽快获得详细解决方案。但她不确定李经理收到邮件后，能否在这几天内给出详细回复。因此，她的初步策略是，在求助邮件中简洁明了地阐述问题，再争取通过电话进行专门沟通。这样既显得尊重对方，也更为高效。

针对第一个问题：收件人为什么要帮你？林红归纳了两点：同为市场部的身份、谦虚的请教态度。针对第二个问题：你需要什么帮助？林红知道，她需要在正文明确自己的困难和要求，避免使用模糊的语言，以免增加收件人的理解负担。万一没有说清楚，对方理解不了，最终会增加沟通成本。针对第三个问题：如果不能帮你，还可以怎么办？这既是给自己留一条后路，也是给收件人一个台阶，显得更尊重对方。

经此思考，林红精心撰写了邮件正文。

尊敬的李经理：

您好！我是广州分公司的市场部主管林红，特此致信，希望能就客户答谢晚宴的相关事宜向您请教专业意见。

久闻您大名，虽未能有幸与您共事，但常从我们经理及公司其他领导口中听闻您的卓越成就。上海公司市场部在您的带领下，一直是集团的业务典范。特别是您策划的几场客户答谢晚宴，更是被公司传为佳话。

我现负责广州分公司年底客户答谢晚宴的策划与组织工作，由于首次担当此重任且缺乏相关经验，我深感责任重大。若能得到您的专业指导，相信此次晚宴定能取得圆满成功。因此，我恳请于本周四或周五和您进行一次30分钟的电话交流，以便听取您在晚宴主题、预算控制及流程设计等方面的宝贵建议。

如果您不方便与我进行具体沟通，不知您能否推荐其他能给予我指导的同事，并麻烦告诉我他们的联系方式。

真诚期待您的回复，谢谢！

广州分公司　林红

职务：市场部主管

电话：137××××××××

四、问候邮件

在商务交往中，适时与领导、同事及客户沟通对维护关系至关重要。问候邮件，旨在吸引对方注意并维系双方的良好关系，通常不涉及具体业务。

常见的问候邮件的内容包括节日祝福或日常金句，如："王总，阳光明媚，愿您身心健康，心情愉悦！"或"张姐，在这个特别的日子里，祝您生日快乐，工作顺利！"这些温馨而简短的问候，能够迅速拉近彼此的距离，传递出友好与关怀。

然而，问候邮件的魅力远不止于此。它还可以摆脱时间的限制，变得更加细致和个性化，从多个角度为客户带来价值。那么，如何让问候邮件更加生动、有趣且富有深意呢？

我们可以从日常的人际交往中汲取灵感。当你与久未见面的朋友或家人通信时，你会分享什么？你的见闻、感受、思念和期望。这种无拘无束、充满真情实感的交流方式，正是问候邮件所追求的效果。

1. 分享一个特别想告诉对方的消息

"张主任，您好！有个特大好消息，我迫不及待地想与您分享。经过我们公司技术团队三年的不懈努力，我们的×产品终于荣获了国家级创新认证。这一成就的取得，同样离不开您的关注和指导。回想起当初……"

2. 表达你对一件事情最真实的感受

"尊敬的钱总，您好。许久未联系，您最近一切顺利吧。眼看就要过年了，我已返回武汉老家。得知您曾在武汉生活过三年，特此与您分享我归乡的感受……"

3. 阐述你对彼此关系最恳切的期待

"王经理，您好。转眼间，我们相识相知已超过三载。在这段时间里，我们共同经历了许多，也收获了许多。于公，我们合作共赢，共同推动项目向前发展；于私，我们真诚相待，建立了深厚的友谊。衷心感谢您一直以来的信任和支持，期待我们的关系能够更加稳固，携手共创更加美好的未来……"

通过这样的问候邮件，你不仅能够维持现有的商务关系，还能在无形中加深彼此的情感联系，为未来的合作奠定更加坚实的基础。

五、感谢邮件

报纸专栏作家戴尔·道廷说过:"智慧的十分之九是感激。"学会写感谢邮件,是提升职场人际效能、深化与客户商务交流的高效途径。

张总:

您好!欣闻我们的 A 项目顺利结项,非常高兴。特此致函,以表对您的深深谢意。该项目历时颇长,其间挑战重重,幸得您全程引领和指导,更在我生病的日子里,顺利和接替我的同事完成交接。对您表示真诚的感谢!

此致

敬礼

这封邮件虽然表达了对张总的感谢,但内容显得较为笼统和表面,缺乏具体性和深度,可能难以真正打动对方。

我们之所以写感谢邮件,往往是因为对方给予了我们很大帮助,内心深处满怀感激。在表达这份情感时,需超越一般的感谢言辞,要更加细腻且具体。一封专业的感谢邮件应包含以下三个部分:感谢对方为你做了某件事情;明确指出对方为了帮助你而花了哪些力气,如"我知道,你本来不用这么做……"或者"我知道你想尽办法去……";告诉对方,他的帮助对你很重要。综上所述,上面这封感谢邮件可以这样来写:

张总:

您好!欣闻我们的 A 项目顺利结项,非常高兴。特此致信,以表对您全程指导与鼎力支持的深深感激。可以这么说,是您一手催生了 A 项目,又一手扶持了它，我们才得以收获硕果。

我们都知道，该项目历时颇长，挑战重重，特别是在项目收尾的关键节点，我又突发疾病，无法继续跟进项目。幸得您在我病期，协助我同事顺利完成交接，确保项目无碍。

我知道这肯定给您添了不少麻烦。公司领导告诉我，您那段时间本来安排了休假，一直想带孩子去游乐场玩。但是因为项目临时交接，您整个周末都待在公司，与我的同事研究项目细节。没有多少领导能自愿调整自己的时间安排。而且在您的带领下，用这么短的时间就完成了项目交接，顺利结项。您作为我们尊贵的客户，却能如此体谅我们，解了我们公司的燃眉之急，亦使我能安心养病，迅速康复，这令我感激不尽。

再次对您的专业素养致以崇高敬意，对您的无私帮助表示诚挚感谢。

等我回公司上班后，一定第一时间当面致谢。

此致

敬礼

一封优秀的感谢邮件，应该能够让对方真切感受到你因其帮助而获得的实质价值，以及你内心深处的感激之情。在撰写时，我们要尽量避免客套和表面的言辞，而是通过具体的事例和细节来展现对方的付出和你的感激之情。同时，也要表达你对未来合作的期待和愿景，以此深化彼此间的关系。

六、道歉邮件

在日常生活和工作中，我们难免会因为各种原因而犯错，伤害到他人或给他人带来不便。此时，仅仅依靠"补偿"或"分散注意力"的方式，往往无法真正解决问题,更无法弥补造成的伤害。道歉,作为一种表达歉意和承担责任的方式,显得尤为重要。

然而,道歉并非简单地说一句"对不起"或"我错了"。要想让道歉真正起到作用,我们需要借助一种有效的工具:道歉邮件。通过邮件来道歉,不仅可以避免面对面的尴尬,还能让我们更加冷静、客观地表达自己的歉意和想法。

撰写一封好的道歉邮件,应包含以下四个关键要素。

1. 道歉的态度

邮件开篇应直截了当,明确告诉对方你已意识到自己的行为所造成的伤害,并表达真诚的歉意。例如:"由于我未及时提交自己负责的文档,导致您在老板面前陷入尴尬境地,我深感抱歉,是我的疏忽,致使项目被搁置,大家不得不重新制订计划书。"

2. 弥补的措施

道歉之后,我们需要设法弥补过失,至少挽回部分因我们的错误而造成的损失。这样能让收件人感受到我们的诚意与悔意,而非觉得我们敷衍了事。例如:"我深知项目搁置给大家带来的困扰和不便,也明白这让您承受了很大的压力。我会立即向大家说明情况,并明确表示一切责任在我,绝不会让您来承担这个责任。"

3. 改正的方法

道歉和弥补只是开始,更重要的是我们要用实际行动来证明自己已经吸取了教训,并会努力避免重蹈覆辙。我们需要清晰地向对方阐述我们将如何改进自己的工作方法或行为方式,以防止类似问题再次发生。

4. 请求原谅

在道歉信的结尾,我们可以真诚地请求对方的原谅。但请记住,真正的谅解需要我们靠实际行动来赢得。因此，在请求原谅的同时，我们也要承诺将继续努力改正错误，并用实际行动来证明自己的诚意。例如："我深知要赢得您的真正谅解并非易事，但我将全力以赴去改正自己的错误，并用实际行动来证明自己的诚意。希望您能给我一个改正的机会，您能原谅我吗？"

无论是与公司同事共事时，还是与客户进行商务沟通时，若我们的错误给对方带来不便或伤害，均可依据上述四个要素来撰写道歉邮件。通常，大多数人会接受这样真诚而具体的道歉方式，并愿意给予我们改正的机会。

第四章

商务方案写作：
成交的艺术

第一节　成交导向：每个方案都旨在成交

无论是大学生为申报"青创计划"而提交的申请方案，还是市场营销人员策划的大型展览方案，抑或销售人员用来向客户推广公司产品和服务的项目方案，这些都属于商务方案的范畴。我们提交商务方案，旨在获得批准、资源支持或促成客户采购，其最终目的都是实现成交。简而言之，若不能实现成交，商务方案便失去了价值。

一、商务方案实现成交的关键：精准定位听众

麦肯锡公司的勒维尔·贝伦曾说："我不去分析我的听众，我要去分析听众中的每一个人。"这听起来有点不可思议，但要确保商务方案演示成功，对听众的细致分析绝不可少。试想，向企业高层与校园学生展示同一产品，能采用一模一样的PPT吗？当然不能。同样，阐述销售技巧时，对高级管理人员与对一线销售人员，讲解方式也应有所不同。

要说服听众，首要步骤是深入分析他们。这种分析不仅限于了解每个人的姓名与头衔，更关键的是确定如何让你的听众以最有效的方式听取、理解并认同你的演示主题。你需要弄清楚以下关键问题。

关键问题1：谁是决策人？

在演示过程中，听众对主题的了解及共鸣程度各异：有的知之甚多，有的知之甚少；有的深感共鸣，有的则无动于衷。若想让演示满足所有人的需求，往往会适得其反，反而削弱了演示效果。因此，明确演示目标后，应识别哪些人或群体是决定演示成败的关键决策者，并专注于满足其需求。

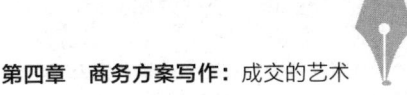

关键问题 2：听众对本次演示的兴趣如何？

你可能为演示投入了数日、数周乃至数月的时间，并进行了无数次的排练。然而，听众是否会像你一样对这次演示如此重视呢？理想情况下，当然希望如此。但现实往往并非如此，许多听众在演示现场才首次接触这一主题。因此，你必须尽快激发他们对演示主题的兴趣，吸引他们的注意力，将他们的注意力从其他重要事务上拉到你的演示上来。

关键问题 3：演示主题与听众有什么利害关系？

如果听众赞同你的演示主题，他们将从中获得什么？简而言之，你的演示主题与听众有何关联？他们需要采取什么行动？对他们有什么好处？这些通常是听众最为关心的问题，你应当在演示开场时就明确告诉他们。

二、如何创建具有销售力的商务方案

1. 找出问题

解决问题的第一步是明确问题。切忌在未花时间彻底厘清问题前，就着急解决问题，否则可能事倍功半。

2. 整合相关信息

知己知彼，方能百战不殆。在解决问题之前，必须掌握充分的信息。搜集到相关信息后，需将信息进行分类、整理成有条理的档案。这不仅能加深你对资料的理解，还能帮助你找到解决问题的线索。

3. 持续探索新组合

创新往往源自旧有元素的巧妙组合。将两个旧有的词语、概念或跨界产品进行组合，可能会创造出前所未有的新意。

4. 学会搁置问题

当灵感枯竭时，不妨暂且把问题搁置一边，重新蓄积能量。但在此之前，你应先全面搜集信息，并不断思考和过滤，直到思维饱和、相同念头反复出现时，再搁置问题。此时，不妨休息一下，让你的潜意识接手。在某个时刻，灵感可能会不期而至。

5. 列出清单

在思考的初始阶段或陷入焦灼状态时，列出问题、产品、团队、优劣势等各项清单，既能激发创意思维，又能作为新概念和新想法的起点。当然，清单只是一个工具，并非万能妙药。

6. 采访他人

即便是神探福尔摩斯，办案时也需要不断征求华生医生的意见。如果你想写出具有销售力的文案，最好是把创意或初稿展示给亲朋好友，倾听他们的看法。旁观者清，他们往往能提供独特的启示和思考。

7. 别轻易放弃新点子

创作过程主要分为酝酿和修改完善两个阶段。我们往往容易自我怀疑或急于否定他人的创意。因此，很多富有创意的想法可能在酝酿阶段就被扼杀了。最佳的做法是记录所有的点子，不要轻易放弃。

第二节　掀开面纱：解密优秀商务方案

商务方案的价值是什么？其核心价值就是赢得听众的认可。只有听众通过了方案，才能达成商业目标。遗憾的是，现实生活中，很多商务方案演示完毕后，听众或是不解其意，或是虽理解却觉得缺乏专业性。到底是哪里出了问题？

我根据多年的培训咨询管理实践，提炼出了商务方案 TE 模型（图 4-1）。运用此模型可以从演示层面验证评估方案的可行性。

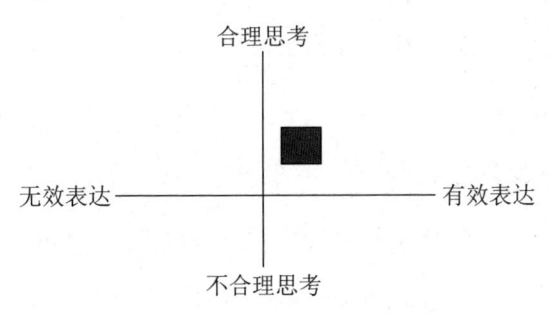

```
              合理思考
                │
                │    ■
                │
  无效表达 ─────┼───── 有效表达
                │
                │
                │
              不合理思考
```

图 4-1 商务方案 TE 模型

TE 模型包含两个核心维度：思考（think）和表达（express）。如果商务方案有合理思考，但演示时表达无效，那么就会给听众一种印象：很专业，但听不懂。如果商务方案有合理思考，且演示者表达有力，那么听众会觉得方案既专业又流畅自然。如果商务方案缺乏合理思考，仅凭演示者出色的表达能力，听众虽能听懂，但会认为方案价值不高。若方案既无合理思考，又表达混乱，则演示必然失败。

优秀的商务方案须兼备合理思考与有效表达。除了 TE 模型外，还可通过以下六个问题来判断商务方案是否为精品。

问题 1：这份商务方案够有趣吗？

作为方案的首位读者，你应设想读者边读方案边打呵欠的情景。如果方案无法点燃读者或听众的热情，那么就需要在方案中讲故事、呈现新案例、进一步梳理对读者有益的信息，以增强吸引力。

问题 2：这份商务方案落实了标题的承诺吗？

文不对题会遭到批评。如果内容和标题不符，就等于欺骗读者，且读者定会察觉。因此，方案标题应与其内容紧密相连，确保一致性。

问题 3：这份商务方案容易读懂吗？

读者在阅读商务方案时，并无义务去揣测你的言外之意。相反，你有责任使用最简洁的语言撰写方案，确保每个人都能明确理解你在表达什么。商务方案切忌晦涩难懂，应多用短句、少用长句，多用生活用语、少用专业词汇。

问题 4：这份商务方案具有可信度吗？

读者对商务方案往往心存戒备，你需要格外努力才能取得他们的信任。取信于读者的最佳途径是说实话。为增强商务方案的可信度，你应提供真实的案例作为佐证，或展示确凿证据及系统理论。

问题 5：这份商务方案有说服力吗？

商务方案仅仅做到清晰易读还不够，还要紧扣其核心目的：实现商务沟通。如果读者一眼扫过去，没有任何实质内容，虽能理解文字，却难免失望。你的方案应能吸引读者的注意、激发他们的兴趣，并有力证明你的商品或项目的优势所在，最终引导他们完成购买。

问题 6：这份商务方案是否鼓励读者买单？

好的方案不仅可以吸引读者的注意，更可以让读者行动起来！你应在商务方案结尾明确指示下一步行动，并呼吁读者付诸实践。例如，"午后3点，喝'花养花'玫瑰鲜花茶"这样的文案，既锁定了消费群体（需要喝下午茶的人），又巧妙暗示了下午茶时间，非常具有引导性。

仔细观察，生活中不乏此类文案，比如"怕上火，喝……""三岁了，喝……"，还有广为人知的"今年过节不收礼，收礼只收……"。别小瞧简单的一句文案，其背后蕴含着深刻的传播策略和逻辑，不容小觑。

第三节　三个目标：成功商务方案的基石

成功的商务方案通常要达到三个目标：与听众建立联系、吸引并始终抓住听众的注意力、促进理解和记忆。

一、与听众建立联系

具体来说，就是与听众的兴趣点和关注点建立联系。基于心理学的关联性原理和适当知识原理，商务方案所包含的信息不宜过多或过少，要针对你的具体听众筛选信息，并使用恰当的语言来表达。简单来说，你需要明确以下三个问题：

商务方案所面对的听众是谁（或者哪个群体）？

他们关注的利益点是什么？

如何使我们的内容与他们的利益点相契合？

二、吸引并始终抓住听众的注意力

你应吸引并抓住听众的注意力，使他们能区分重要信息与次要信息。这背后涉及心理学的突出性、可辨性和知觉组织原理。由于人的注意力易被不同领域吸引，因此应运用设计原理中的杠杆效应（如增强对比度、突出显示关键部分）来吸引听众。同时，根据"10分钟注意力法则"，在撰写商务方案时，应结合方案内容、演示环境及听众对象，每隔约10分钟设计一次"刺激"，以调动听众情绪。

10分钟注意力法则：成人大脑若未持续接收新鲜信息，将在10分钟后自动停止接收其他信息。

三、促进理解和记忆

你应设法让听众更容易理解、模仿和记住演示内容。这是基于相容原理、信息变化原理及限量原理。

信息可视化应与表述内容一致，这样更容易被人记住。例如，用绿色字体显示"红色"一词，就违反了此原则。同样，一张关于大阪市流浪猫数量的图表配以人与狗玩耍的背景，也不恰当。

在演示中应有所创新，如穿插故事、动画，但需确保其有意义，避免成为干扰项。鉴于听众只能记住有限的信息，我们应精心挑选内容，千万不要试图不断地向听众灌输信息，那只是做无用功。

四、根据听众的风格确定商务方案的演示逻辑

商务方案演示终归要面对听众，因此研究听众的风格尤为重要。一个关键的维度是判断对方是"自上而下派"还是"自下而上派"。

面对"自上而下派"听众（图4-2），方案演示者应先陈述结论，再阐述事实依据或理由。这样做能开门见山地呈现结论，使听众迅速抓住重点。在撰写商务方案时，应将结论置于首要且醒目的位置。

而面对"自下而上派"听众（图4-3），演示者则需逐步详细介绍背景知识等内容，再引出结论。这样做能让对方循序渐进地了解内容，确保不遗漏每个细节。在撰写类似商务方案时，应确保内容充实完整。

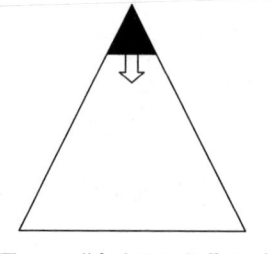

图 4-2 "自上而下派"听众　　图 4-3 "自下而上派"听众

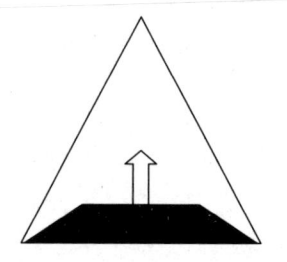

"自上而下派"听众倾向于从宏观到微观,快速把握核心;"自下而上派"听众则享受细节的积累,逐步构建认知。在策划和执行商务方案时,识别并适应听众的思维风格至关重要,否则可能因沟通方式不当而导致演示效果大打折扣。

若向"自上而下派"听众过度阐述背景细节,可能会引发其不耐烦和困惑;相反,对"自下而上派"听众直接抛出结论,则可能让他们感到突兀和不解。因此,精准识别并适配听众风格是演示成功的关键。

此外,为了更有效地制定演示策略,我们可以利用表 4-1 所示的"听众分析、预测与策略制定模型",从年龄、性别、受教育程度、单位类型、职务职位以及地理文化等多个维度深入分析听众特征。

表 4-1 听众分析、预测与策略制定模型

听众分析		听众预测与策略制定		
项目	具体内容	听众兴趣与策略	理解能力与策略	态度与策略
年龄	平均年龄 年龄范围			
性别	男女比例			
受教育程度	学历 / 专业			
单位类型	政府机关 / 国企 外企 / 民企			
职务职位	高管 / 中层 / 基层 销售 / 研发 / 财务			
地理文化	北京 / 上海 / 广东 欧美 / 日本……			

①听众兴趣:受个人信仰、价值观、岗位经历等因素影响,需通过调

研来定制方案内容,以激发听众兴趣。

②理解能力:依据听众的教育背景、工作经验及对本话题的熟悉程度,调整方案的深度和复杂性。

③态度:考虑听众对演示者及方案主题的初始立场,通过强化信任、展示专业能力等方式,引导听众形成或改变态度。

综上所述,通过细致入微的听众分析,结合听众的思维风格,我们能够设计出更加精准有效的商务方案演示策略,从而确保信息的高效传达与接收。

第四节　必备要素:打造优秀的商务方案

什么是好的商务方案?有人说是能吸引听众的方案,有人说是PPT做得精美的方案,还有人说是数据突出的方案。这些观点各有依据,因视角不同,每个人的评判标准也各异。

那么,是否存在一个更为统一、核心的标准来衡量商务方案的优劣呢?

答案是肯定的。所谓商务方案,"方案"是形式,"商务"是核心。一个商务方案好不好,关键在于它能否有效促成交易,实现商业目标。

大卫·奥格威曾说:"埃斯基涅斯演讲完,大家都说他讲得真好!但是,德摩斯梯尼演讲完,人们说的是,走,咱们跟腓力二世打一仗去!我是站在德摩斯梯尼那一边的。"埃斯基涅斯和德摩斯梯尼都是古希腊的演说家,腓力二世是率兵攻打希腊的马其顿国王。他这段话把创意和广告(或商务方案)的区别讲得很透彻。创意作品旨在获取认同与理解,而广告则更注重说服、影响和促成行动。如果不能有效促成消费者行动,那么它就不能被视为一个好的广告。

同样地，商务方案优秀与否，其终极评判标准也是能否实现成交。

现在看看我们正在写的商务方案，不妨自问：这个方案抛出去，能够顺利实现成交吗？如果答案是肯定的，那么恭喜你，你的方向对了。如果答案是否定的或模糊不清的，那就建议你马上修改调整方案。

实现成交，是我们撰写商务方案的核心宗旨，也是其最终目的。如果客户对价格敏感，而你的方案在价格方面并无显著优势，那么无论方案制作得多么精美，都可能失去其实际意义。"能否实现成交"这一标准，能够为我们解答许多商务人士长期以来的困惑。比如，为什么我们耗时一个月精心准备的长达 100 多页且数据案例丰富的 PPT 方案，会不敌对方公司仅 10 张 PPT 的简洁展示？为什么同样是撰写项目方案书，我比同事更擅长找模板、方案做得更精美，但成单率却总是不如她？

有了"能否实现成交"这一衡量标准，我们在撰写商务方案时就有了明确的方向，不至于迷失在纷繁复杂的信息和细节中。然而，仅仅知道方向还不够，我们还需要明确具体的路径和方式，即选择何种策略和方法来有效促成交易。这就像我们要去一个目的地，不仅要知道大致的方向，还需要选择是走高速还是走国道，是开车还是乘飞机，以及需要携带哪些工具和资源。

一、一个符合客户需求的选题

客户面对一份商务方案，首先考虑的是"这是否符合我的需求"，随后才会权衡"我要付出什么代价，是否划算"。前者关乎商务方案的选题，后者则涉及方案的优势与报价。如果选题不对，一切努力都可能白费；如果选题正确，则往往能够抢占先机，率先进入客户心智。

我曾主导过深圳某知名主题乐园的服务咨询项目，该项目极具典范性。

在需求确认阶段，客户提出了许多困惑，例如员工服务不当、缺乏笑容、顾客问路无人应答等。尽管我们多次引导客户聚焦核心问题，但客户开会讨论后的回复仍是"提升服务"，你看，还是在原地打转，显然未触及实质。

针对本次咨询项目的需求，我们团队多次召开选题研讨会。我们的核心思路是：服务主体为主题乐园基层员工，他们与顾客直接接触；同时，服务客体即顾客的需求也不容忽视。两者的需求如何协调一致？这是我们思考的第一条主线。此外，服务是表象，服务是为了什么？这背后的动机是什么？服务的动机和目的同样重要，这是我们思考的第二条主线。在这两条主线的指引下，"服务创造价值"的理念应运而生。

然而，实施方式也是客户非常关注的问题。若采用传统培训模式，虽可邀请相关专家授课，但面对全国众多分园及基层员工，项目周期漫长、效果评估困难、预算高昂等问题接踵而至。更何况，这种思路并无独特性，难以脱颖而出。

最终，我们创新性地提出了"欢乐手语操"的选题思路。这个方案呈报上去，立马碾压竞争对手，成功中标。更重要的是，在该选题思路的指导下，项目实施顺利，赢得了企业高层、项目组织者、学员及顾客的一致好评。

商务方案的选题要符合客户需要，具体分三层：第一层是判断，客户提出了很多需求，我们能帮助客户判断，哪个需求最关键，最需要优先解决；第二层是梳理，将客户零散的需求点整合为清晰的选题；第三层是挖掘，客户不清楚自己的需求，或者对需求描述不清晰，我们要帮助客户挖掘出隐藏在冰山下的核心要点。

如何判断商务方案的选题是否符合听众需求？

商务方案从来没有绝对的好主题，只有适合的主题。适合的就是最好的。对行政人员细述营销战略，或向新入职员工宣讲核心产品话术，都难以产生预期的效果。如果听众层次较高，选题切忌"小气"；如果听众需要贴近具体业务，则应直截了当，避免拐弯抹角。

那么，何为合适？需满足哪些条件？

给大家三把标尺，即三个关键词：适合、精准、聚焦。

（一）标尺1：适合

第一，看是否适合场景。

我曾为某银行的"银行金融服务之星演讲汇报"项目提供辅导。参训者都是银行金融服务部精英，他们的业绩在全行乃至整个行业都十分出色。开训之前，我布置了课前作业，让大家撰写演讲汇报的主题和提纲。收齐作业后，我发现一个共性问题，大家都聚焦于说成绩，说方法，说感受。

集中培训的第一课就是如何做选题，我强调：选题一定要看场景。本次汇报虽然采用演讲的形式，但不是普通的演讲，更不是述职汇报。听众包括银行高层领导以及重量级客户代表。听众想听的是什么？绝不是具体的成绩、个人的做法，而是成绩背后的价值、做法后面的本质，要提炼规律，这样才有高度，才有指导性。经过启发和系统的辅导，学员们聚焦各自的优势领域找到了切入点，精准产出了诸如《超预期体验，创造超预期价值》《服务就是要创造"三高"价值》等优质选题，最终团队在竞赛中获得了佳绩。

到什么山，唱什么歌；搭什么台，就唱什么戏。我们要找到合适的方案选题，就要匹配场景。这个道理很简单，做起来却不容易。

第二，要看是否适合对象。

撰写商务方案时，若不分析听众对象，最终呈现方案时，便可能让听众感觉方案和自己的期待南辕北辙，如同我期待相声，却听到了朗诵。

十几年前，我在某管理咨询机构担任特聘顾问。我们经常为大型企业提供管理咨询服务，有一次需要为某通信集团筹备投标事宜。正值业务高峰期，众多企业都在忙于招投标，研发部的几位伙伴忙得焦头烂额，业务员更是无暇撰写标书。于是，老板让一位新入职的员工先起草一份方案，作为一次锻炼的机会。这位同事十分敬业，查阅资料、了解背景、构建模型，历经三天，当项目小组提交方案初稿时，他交出了一份200多页的PPT。

讲过标书的伙伴应该清楚，讲标时，每个供应商通常只有10分钟展示时间。这宝贵的10分钟，核心目标就是向客户证明：我们是赢得此标的最佳选择。因此，这10分钟的内容需要精准到秒。毫无疑问，200多页的PPT出现在投标现场，是对听众的不尊重，因为他们无法集中精力理解和吸收如此大量的信息。

如何确保选题贴合场景与对象？关键在于深入调研和分析。

要做好选题方案，首要步骤就是扎实做好调研工作，广泛搜集素材，细致整理背景资料，在这个过程中，我们才能使选题与特定场景及对象完美契合。

（二）标尺2：精准

选题要精准，像拿着测量工具量身定做。

很多人喜欢喜剧片，看到开心处，就会捧腹大笑。对观众来说，笑点

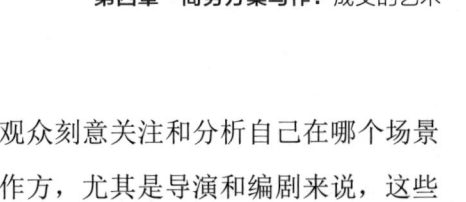

似乎随机无常，突然就出现了。鲜有观众刻意关注和分析自己在哪个场景笑了，笑了多久。然而，对于电影制作方，尤其是导演和编剧来说，这些问题却至关重要。他们需要"拿尺子去测量"，何时触发笑点，剧情能否有效地引观众发笑。也就是说，喜剧片中的每一个笑点，皆是制作方精心策划的结果。

2010年12月，姜文执导的《让子弹飞》上映，以6.76亿元的票房夺冠。如果你曾观影，一定难忘当时影院内此起彼伏的笑声。这部电影我去电影院看了两次，第二次还是感觉很新鲜，很好笑。

《南方都市报》当时专访姜文，姜文用"磨"字概括了电影创作的过程，其中讲到"磨剧本"。"别人问我剧本是不是做了30多个版本，其实都不止。我们不愿意有别人的剧本里常见的毛病，希望观众吃好、喝好、看好、乐好，回去不会觉得'哎，我被骗去看什么电影了'。从技术上来说，我们在黑板上贴了120张纸，每张纸是1分钟的什么内容，每一排是10分钟，有12个10分钟，每一个10分钟里面重点是什么，这个从技术上已经是很严格的了。从这一分钟到那一分钟的过程，是需要反复推敲的，你不能把结构搭好了但让观众看出结构来，这就不漂亮了，还得让结构不被看出来。"

看，一切都是设计出来的，而且精确到每分钟，甚至细致到分钟之间的细腻过渡。

商务方案的选题设计也是一样，需要精心策划，以确保内容的铺排、节奏的起伏、听众预期的反应尽在掌握。正如姜文所言，我们在后台搭建好了结构，自己对于全局了然于胸，但是还不能让听众看出蛛丝马迹。让听众感觉一切顺其自然，一气呵成，这就是精准。

总之，听众想听什么，你能给什么，找到两者的完美契合点，就是最佳选题。

如何做到精准确定选题，基于多年培训咨询经验，我推荐一个实用工具：选题提问卡。在构思商务方案选题时，不妨用以下7个问题来问自己及团队成员。如果时间充裕且人数多于2人，可以交换角色轮换问答。深入思考这些问题，可以帮助我们精准确定选题。

选题精准化工具：选题提问卡

1. 我的商务方案呈现的场景是什么？
2. 商务方案的听众（读者）对象是谁？来自哪个部门或岗位？
3. 关键决策者是谁或哪个群体？
4. 关键决策者的关注点是什么？
5. 我的商务方案能为客户解决哪些实际问题？
6. 这些问题的现状是什么？
7. 解决这些问题之后，能达成什么积极效果？

（三）标尺3：聚焦

水中贵族，百岁山。

1234，胃必治。

牙好，胃口就好。

今年过节不收礼，收礼只收脑白金。

弹弹弹，弹走鱼尾纹。

好空调，格力造。

一切皆有可能。

一家专门做特卖的网站。

怕上火，喝王老吉。

飞一般的感觉。

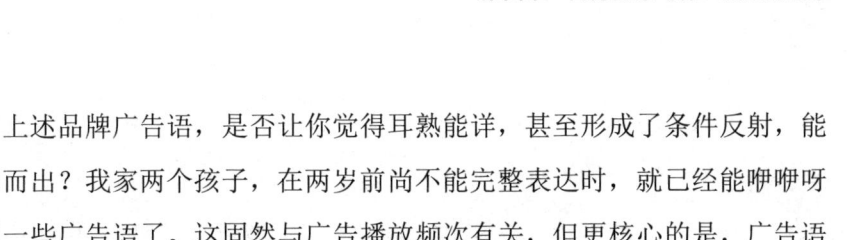

上述品牌广告语，是否让你觉得耳熟能详，甚至形成了条件反射，能脱口而出？我家两个孩子，在两岁前尚不能完整表达时，就已经能咿咿呀呀说一些广告语了。这固然与广告播放频次有关，但更核心的是，广告语作为长期面向公众的传播工具，需要高度浓缩且朗朗上口。市场上的新产品层出不穷，广告语更是五花八门，为何我们能记住的寥寥无几？关键在于谁能精确捕捉产品精髓，触动潜在消费者的内心情感。

精准聚焦的广告语更能有效传播，实现宣传与促销的双重使命。我们的商务方案也一样，做好选题必须完成最后一步：聚焦。

那么，问题来了！我们前面搜集了足够的素材，了解了场景，分析了对象，并通过选题提问卡梳理了相关思路，现在请问自己或团队成员一个问题：**如果用一句话概括，我们方案的选题是什么？**

的确，判断方案选题是否聚焦，仅需提出这一简单问题。若你正在构思商务方案，那么，对于这个问题，你心中是否已有答案？

聚焦不是"拍脑袋"，亦非单纯考验团队的文字能力，而是清晰陈述最核心的问题，真正把握方案本质。切记，商务方案的终极目标始终是促成交易。

清晰陈述问题有 5 大原则：

- ✓ 一个主导性的问题或坚定的假设
- ✓ 具体，不笼统
- ✓ 有内容（而非事实的罗列或一种无可争议的主张）
- ✓ 可行动
- ✓ 以决策者下一步需采取的行动为重点

举个例子，我们要为某市图书馆提供一个咨询服务，首先需要聚焦，我们要解决的问题是什么。经过会议讨论，众人各抒己见。

有人说，应聚焦到"公共图书馆面临着大家抱怨它不能提供信息服务的问题"。这确实是个问题，但经过前期调研，这是一个客观事实。所以，这个问题仅仅是对事实的陈述，不能构成一个主导性问题或坚定性假设。

又有人说，应表述为"图书馆是否应努力改善会员服务？"按照上面第三个原则来判断，这个问题显然毫无争议，任何时候图书馆都应努力改善会员服务。

"能否采取不同的图书馆管理方法以改善会员服务？"稍加分析就会发现，这个问题太空泛，违背了第二个原则。

经过不断碰撞，大家对照 5 个原则，结合调研分析的资料，最终聚焦到一个问题："图书馆有哪些改善会员服务的可能？是通过延长服务时间，让会员更好地选择书刊，还是在现有的预算内改善编辑目录使借阅更加容易？"这个问题具体、可行动，而且可作为一个主导性的问题。

了解原则并不等同于直接获得答案，我们还需要掌握相应的方法论。虽然我们已知道，清晰陈述问题需要具体、有内容、可行动，但怎么做到呢？按照图 4-4 所示的 4 个步骤，聚焦便不再难。

聚焦关键词 → 发散思维 → 筛选审查 → 提炼整合

图 4-4　聚焦商务方案选题的 4 个步骤

第一步：聚焦关键词

如果你只有一个人，请准备好红酒或咖啡；如果你有一个团队，请备足便笺纸和一个大黑板。大家自由畅想：服务、品牌、创意、营销业绩、留存率、客户满意度、AI 利用、大力推广、渠道、成本控制……这些都可能成为你的答案。无须设限，勿加评判，想法多多益善。可采用头脑风暴的形式，也可画思维导图。

畅想结束后，收集所有答案，集体投票。例如，每人限投 5 票，得票数排名前五的关键词，即为我们的关注重点。

第二步：发散思维

针对已列出的关键词，你可进一步深入联想，将与关键词相关的所有字词（包括名词、动词、形容词）都记录下来，这些字词应能描述关键词的本质、特征或精神。随后，基于这些字词，便能构思出首批关键语句。

若团队共同承担此任务，有必要继续进行头脑风暴或者团队共创，进行发散式讨论。可以由一个关键词联想到十个、百个词语，再从这百个词语衍生发展出无数新思路，越多越好。在此阶段，可尝试将词语组合成句，即便有些表述看起来还不太成熟，也可能孕育出最终的创意。

第三步：筛选审查

第一批选题表述"出炉"后，必须经历一轮筛选和淘汰。筛选过程分为四步。

首先，排除不可能项。剔除那些明显不适合作为选题的词语或者句子。

其次，按照语法判断。修正或祛除存在明显语法错误或逻辑谬误的表述。

接着，根据前面提及的五个原则进行评估，选出一批符合条件的表述。至此，"幸存"的选题数量应该也没有多少了。

最后，进行最终投票。团队在剩余选题中进行内部投票，条件允许时，可邀请相关行业专家或客户代表共同参与评判，最终选出票数最高的1～3个选题即可。

第四步：提炼整合

根据初选的1～3个选题，提炼整合，确定一个最优选题。

知识点小结：

确定商务方案选题的过程是从模糊到聚焦的过程，即从 A 到 B 的过程（图4-5），从一团乱麻到有明确的方向。如何创作出优秀的选题？可以用"适合""精准""聚焦"三杆标尺来衡量。

　　标尺1——适合：适合场景、适合对象。

　　标尺2——精准：选题提问卡。

　　标尺3——聚焦：问题陈述5原则，聚焦4步骤。

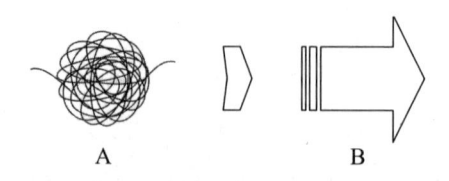

图4-5　商务方案选题从模糊到聚焦的过程

二、一项可衡量、可实现的目标

　　有的放矢，方能成功。要想让**商务方案促进成交，明确选题之后，紧接着需明确目标**。就如货轮出海，从哪里来，到哪里去，目标须在最初便明确无误。

　　试问，以下表述中哪些你认为可视为"目标"？

- 妈妈，虽然这次我是倒数第一，但我争取下次考试拿个全班第一。
- 这次会议非常重要，我们一定要高度重视。
- 我再说一遍，我要听到客户的掌声，不管几次，要有掌声，越多越好。
- 如果不能让客户领导在研讨过程中表明观点，你们的方案将毫无意义。

　　第一个表述很明显不合常理，至少短期内不可能实现。

　　第二个表述过于空泛，缺乏衡量标准，说了等于没说。无法判断大家是否真正重视。

　　第三个表述，尽管具体应用场景尚不明朗，但从其表述中可感受到强烈的目标导向。我们得到的信息是，此方案必须让客户在现场热烈鼓掌。

第四个表述明确指出了两个行为目标：客户领导须发言，并表达个人观点，非常清晰。

(一)"两不"：既不能太大，也不能太小

大学生提交"青创计划"申请时，可能会想：目标显而易见，不就是尽快通过申请吗？销售人员为客户公司准备演示方案时，可能会对自己说，不就是促成客户交易吗？

这样的目标，范围太大，等同于未设定，因为它们是终极目的，缺乏具体性。

需进一步深思的是：谁将审批你的申请书？审批的依据是什么？又是谁在为方案买单？其付费的理由是什么？

在构思方案目标时，大学生若只想着按时提交申请书便足矣，销售人员若只期盼演示时客户能全员出席且自己演讲时不紧张便万事大吉，这样来思考目标，则过于狭隘。他们思考的是流程细节，没有触及商务方案的内涵。

目标范围太大，缺乏操作性；目标范围太小，没有意义。所以，构思商务方案的目标，应聚焦于合理适度的范围。

(二)"两要"：要多用动词，要多用数量词

目标如同大海中的灯塔，切忌空泛和模糊，否则我们容易在大海中迷失方向，甚至触礁沉船。因此，目标的表述必须具体明确。

1. 多用有精准语境的动词

举几个简单的例子，大家对比一下。

A：让客户理解我们公司的核心理念。
B：能够吸引客户关注我们公司的理念。

A：让客户明白我们实施本项目的方法论。

B：把项目实施的3个主体步骤清晰传递给客户，讲解清楚其中的逻辑关系。

对于上述表述，你认为哪个更适合作为目标？显而易见，B表述更具体，因为动词有具体的操作语境，而且可衡量。

为方便大家精准运用动词表述目标，让目标具体化，我依据多年工作经验，围绕知识、技能、态度三大维度，提炼了一系列动词（表4-2～表4-4），供大家在特定语境中灵活选用。

表4-2　关于知识性目标的动词表述

论述	命名	区别
推断出	预测	识别
讨论	承认	指出
选择	联系	证明
计算	选择	列出
找出	陈述	执行
举例说明	支持	回忆
判断	使用	重述
把……分类	评估	解决
组成	对比	表明
定义	解释	总结

表4-3　关于技能性目标的动词表述

改编/调整	选择	书写
建立	工作	应用
演示	承认	建造
创造	组织	发展
识别	展示	与……发生联系
决定	描述	区别
列出	完成	组装
提供	制作	设计
进行	操作	比较

表 4-4　关于态度性目标的动词表述

接受	交流	听取
联系	发现	参加
实现	组成	承认
完成	影响	比较
表现	列出	陈述
决定	组织	回答
赞成	得到	参与
识别	记录	意识到
增加	选择	决心

2. 多用数量词

B：能够吸引客户关注我们公司的理念。

C：能够吸引客户关注我们公司最核心的一个理念。

相较于 B 表述，C 表述更为精确且聚焦，更能体现"可实现"的原则。

为了让商务方案的目标满足"可实现"原则，你或你的团队需要不断做出取舍。切记，"二八法则"无处不在。客户无法关注所有信息，商务方案也无法解决所有问题。因此，我们应尽量使用数量词来明确我们的目标。

例如：

——用不超过 100 字把核心价值描述清楚。

——开场设计一个 5 分钟的故事，吸引听众，并引出方案主题。

——至少能邀请 3 位高层领导进行单独访谈。

还记得《让子弹飞》的剧本打磨过程吗？120 分钟的电影，每 10 分钟一幕，每一幕又细分到每分钟，共计 120 张纸贴在墙上。电影有多少笑点，什么时候笑，都经过了精心设计打磨。我们构思商务方案的目标，如果能足够量化，那么离"可实现"就越来越近了。

三、一个能够随时串联起来的结构

听众没有义务帮你厘清逻辑结构。若你要求听众边听边记，甚至需录音回听，那你的商务方案演示就太失败了。

什么是好的结构？听众清晰地知道这一刻你在讲什么，上一秒你讲了什么，并期待下一秒你将要讲什么。

以小王为例，其公司准备开拓社区市场，他所在部门负责前期调研。经过一系列调研，积累了相关数据和素材。市场部经理要求小王撰写调研报告，以供集团公司领导审阅。小王写报告的核心思路如下。

我曾提出改进社区环境调查的建议，建议重估被调查社区的种类和数量。目前调查的多为 C 类小区，调查结果不能反映实际市场环境。

在被调查的 300 个社区中，只有 90 个（占 30%）为 A 类社区，A 类社区繁荣程度高，市场口碑好，C 类社区价格不能反映主要市场环境，我建议只调查 A 类社区。

如果要调整被调查社区的种类和数量，也必须调整竞争对手的，使之有可比性。我还建议将大型社区的比例由 50% 调至 70%，这样更符合市场现状。社区环境调查的重要性日益显著，我们必须调整策略，以确保调查数据反映真实市场环境。

呈报之前，小王与家人做了一次预演。不出所料，家人虽觉内容丰富，却难以理解，需要不断提问："你说的是这个意思吗？""你确定这个内

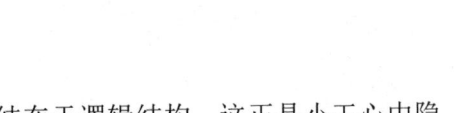

容和上面有关系吗？"这些问题的症结在于逻辑结构，这正是小王心中隐忧所在。

如果你是小王，应如何优化这份报告的逻辑结构？

还记得第一章论述的准备工作吗？我们深入探讨了职场写作的结构搭建，强调结构是文章的生命，没有结构，文章就立不起来！

首先，我们要确定主题。需思考：核心观点是什么？调研得到的素材和提炼的观点很多，哪些是主要观点，哪些是次要观点，哪个才适合做主题？这些都是在这个阶段需要思考的。然后，鉴别逻辑关系，纵向结构适用于上下关系，横向结构则适用于并列关系。确定好了整体架构，再去检查各要素的逻辑顺序，合理安排其先后顺序。

经过此番思考，我们发现这份报告的主要思路已经非常清晰。

社区环境调查改进建议

社区环境调查的重要性日益凸显。为确保调查数据反映真实市场状况，我建议调整被调查社区的种类和数量，做法如下。

1. 只调查 A 类社区。目前调查的社区多为 C 类社区，其环境不能反映市场环境。在被调查的 300 家社区中，只有 90 家（占 30%）为 A 类社区。A 类社区繁荣程度高，市场口碑好，如果统计数据中只有 30% 的数据来自 A 类社区，我们很难了解主要市场的实际情况。

2. 调整竞争对手的种类和数量。如果调整社区的种类和数量，也要调整竞争对手的，使之有可比性。

3. 将大型社区的比例调整至 70%，这样更符合市场现状。

为了加深大家对商务方案结构的理解和运用，我整理了 7 大类常用商务场景的方案书主要结构，如图 4-6 ~ 图 4-13 所示，供大家参考。

图 4-6　阶段工作汇报常用结构

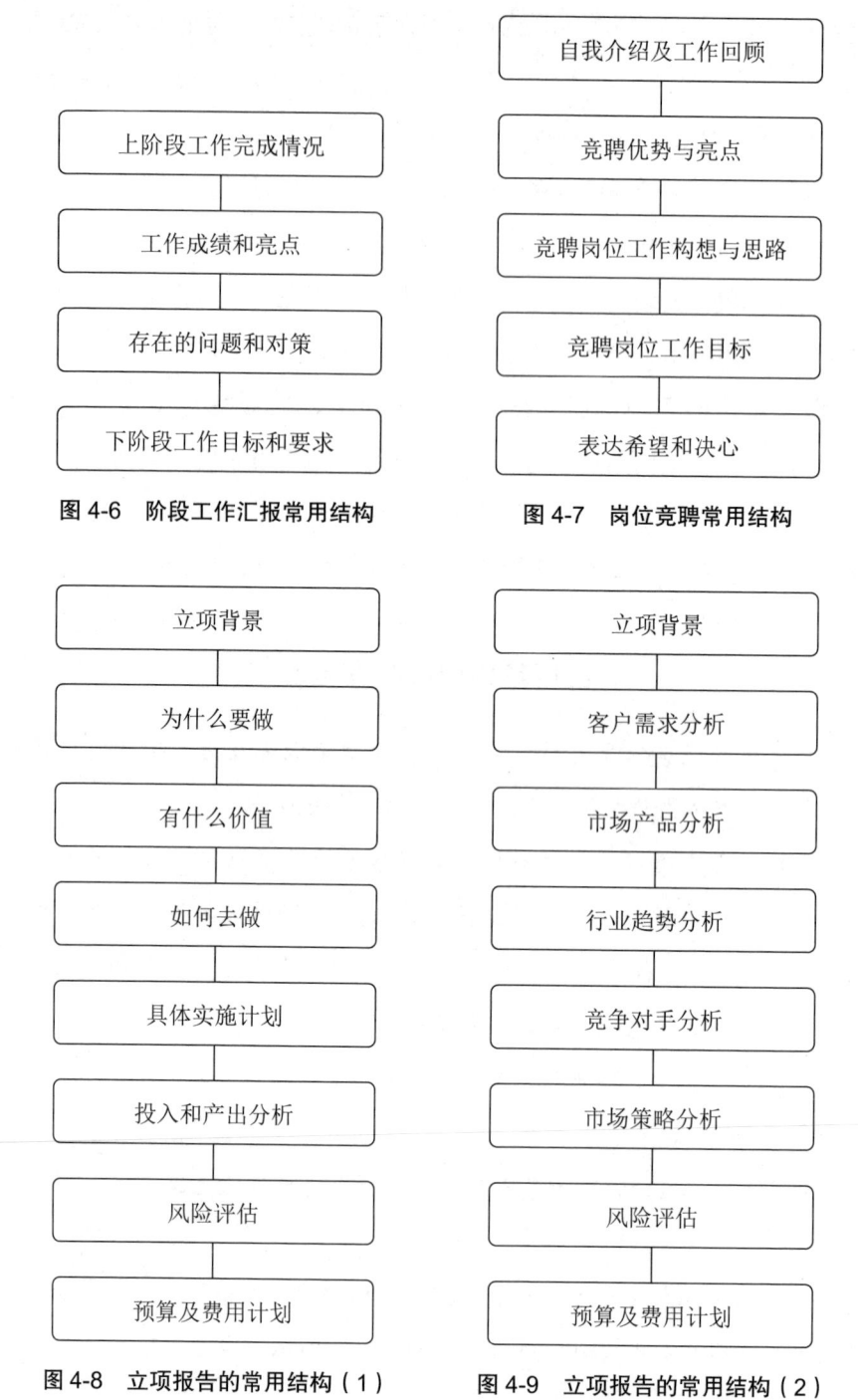

- 上阶段工作完成情况
- 工作成绩和亮点
- 存在的问题和对策
- 下阶段工作目标和要求

图 4-7　岗位竞聘常用结构

- 自我介绍及工作回顾
- 竞聘优势与亮点
- 竞聘岗位工作构想与思路
- 竞聘岗位工作目标
- 表达希望和决心

图 4-8　立项报告的常用结构（1）

- 立项背景
- 为什么要做
- 有什么价值
- 如何去做
- 具体实施计划
- 投入和产出分析
- 风险评估
- 预算及费用计划

图 4-9　立项报告的常用结构（2）

- 立项背景
- 客户需求分析
- 市场产品分析
- 行业趋势分析
- 竞争对手分析
- 市场策略分析
- 风险评估
- 预算及费用计划

第四章 商务方案写作：成交的艺术

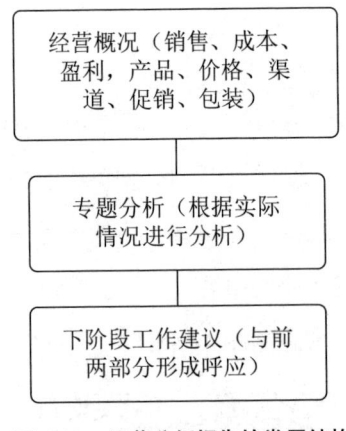

```
经营概况（销售、成本、
盈利，产品、价格、渠
道、促销、包装）
        ↓
专题分析（根据实际
情况进行分析）
        ↓
下阶段工作建议（与前
两部分形成呼应）
```

图 4-10　经营分析报告的常用结构

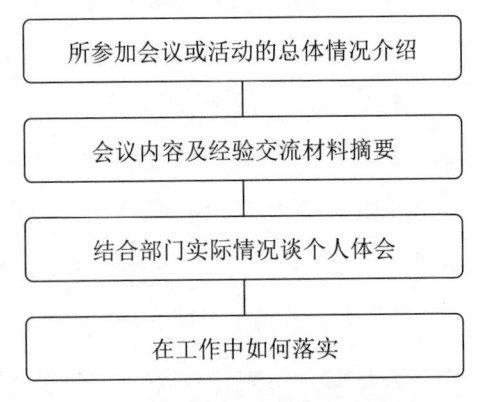

```
所参加会议或活动的总体情况介绍
        ↓
会议内容及经验交流材料摘要
        ↓
结合部门实际情况谈个人体会
        ↓
在工作中如何落实
```

图 4-11　学习汇报的常用结构

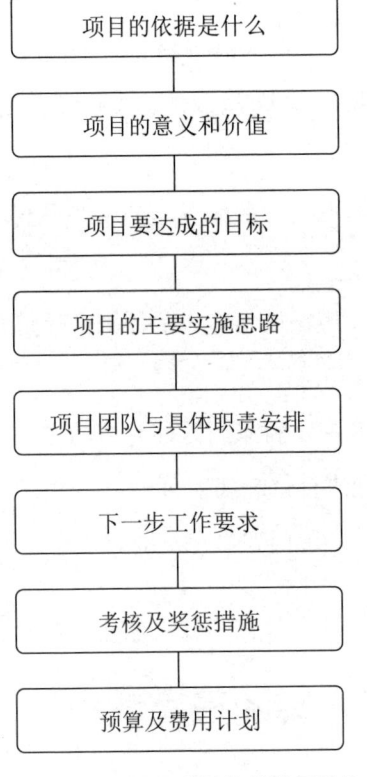

```
项目的依据是什么
        ↓
项目的意义和价值
        ↓
项目要达成的目标
        ↓
项目的主要实施思路
        ↓
项目团队与具体职责安排
        ↓
下一步工作要求
        ↓
考核及奖惩措施
        ↓
预算及费用计划
```

图 4-12　项目启动报告的常用结构

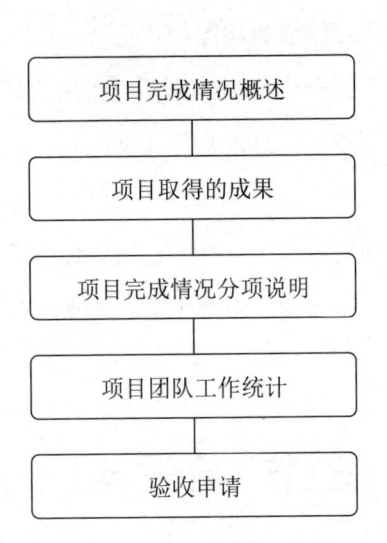

```
项目完成情况概述
        ↓
项目取得的成果
        ↓
项目完成情况分项说明
        ↓
项目团队工作统计
        ↓
验收申请
```

图 4-13　验收汇报的常用结构

四、一个精练有序的内容

不要想着展示整头牛，让大家看到一块精致的牛排就够了。它应色香味俱全，让人一看就垂涎欲滴，跃跃欲试。这就是你需要呈现的重点。如果你不知道如何做减法，感到无从下手，不妨先列出所有要素，并为其编号。然后逐一审视，自问：我真的需要这个吗？听众真的想听这个吗？如果不讲会怎么样？

关于如何准备一个精练有序的内容，推荐大家遵循图 4-14 的 5 个步骤。

第1步：搜集材料 → 第2步：组织材料 → 第3步：提炼概括 → 第4步：起草正文 → 第5步：修改定稿

图 4-14　准备商务方案内容的 5 个步骤

第一步：搜集材料。主要包括文档、文章、财务报告、个人采访记录、网络资源（含互联网、局域网、数据库）、新闻稿件、头脑风暴成果、个人笔记及即时贴等。

第二步：组织材料。把材料进行分组归类，归纳各组的中心思想，构建思路图或架构图。

第三步：提炼概括。运用概括技巧，遵循简洁有力的原则，提炼出核心观点和信息，祛除冗余信息，改正错误信息。

第四步：起草正文。结合演示对象和演示背景，匹配合适的主题、结构和内容。注意时间管理，预留足够时间进行修改和完善。

第五步：修改定稿。包括策略调整、宏观问题修正及细节完善。

第五节　合适至上：商务方案的最高境界

在商务 PPT 的世界里，从未有所谓"令人惊艳"的设计。真正出色的商务PPT，是那些能够紧密配合方案内容、吸引听众注意，并逐步打动人心的作品。

从PPT可视化的角度来看，只要我们追求五个"合适"，就离制作出色的商务PPT的目标越来越近了。

一、合适的模板

在选择模板时，很多人往往在一堆炫目的选项中手足无措。那么，什么是合适的模板呢？我们可以从内容和形式两个维度来衡量。

在内容方面，模板的风格应该与企业文化相契合。例如，企业的视觉识别系统以蓝色为主色调，那么PPT模板也应以蓝色为主色调。对于项目策划类的PPT，可以选择偏向商业风格的背景色，如蓝色、棕色或黑色等；而在进行项目汇报时，则可以多选用蓝色、橙色或红色等，以突出汇报的重点和亮点。

在形式方面，我们需根据演示环境来定。如果商务方案的演示现场是大礼堂或特别明亮的场地，模板应以冷色调为主，以减少反光和刺眼感；如果演示现场环境偏暗，则应以暖色调为主，以增强视觉的温暖和亲近感。

二、合适的过渡页

过渡页在商务PPT中扮演着承上启下的重要角色。它位于商务方案各部分内容之间，通过简洁的图片或文字，帮助观众更好地理解和跟随PPT演示的进程。擅长制作PPT的人，即便只有10张幻灯片，也定会巧妙地设置过渡页。过渡页的设计无须过多文字堆砌，应注重简洁明了，让观众在轻松愉快的氛围中自然过渡到下一环节。

三、合适的字号

在 PPT 制作中，我们常常犯一个错误：将字号设置得太小。这很可能导致在现场演示时，许多观众，尤其是后排的观众，无法看清 PPT 上的信息。如果连文字都看不清，那么实现视觉化和震撼效果也就无从谈起了。

因此，标题和关键信息必须采用大字号。多大才合适呢？一个简单的判断标准：当 PPT 全屏显示时，你站在 5 米之外仍能清晰阅读，这样的字号大小就是合适的。

四、合适的视频

大多数人都喜欢看电影、听故事。在商务 PPT 中插入视频素材，不仅能丰富演示内容，还能有效吸引观众的注意力。如果视频与讲解主题紧密契合，还会让观众产生强烈的代入感，仿佛身临其境。

需要注意的是，演示时间越短，插入视频所呈现出来的效果往往越好。因此，在选择视频时，我们要注重视频内容的针对性和精练度，避免冗长和无关的内容出现。

五、合适的动画

动画是视觉逻辑的引导者。在商务 PPT 中，动画不宜过于炫目，而应注重合适和恰当。运用合适的动画可以达成三个效果：使信息更容易被理解，强调了重要信息，使听众与演示的节奏保持一致。

因此，在制作商务 PPT 时，我们要注重动画的选择和运用，避免过度依赖动画而忽略了内容本身。通过合理的动画设计，我们可以使 PPT 更加生动、有趣，并更好地传达我们的信息和理念。

第六节 超越"谢谢"：总结的艺术与成交的距离

一、商务方案的结尾要引导客户做出判断

许多平淡无奇的商务方案都存在一个通病，不论是口头报告，还是幻灯片讲解，都是以客套话收尾。例如，在公司对内说明会上可能会说："让我们回归最初的经营理念，携手共进！"而在对外宣讲时可能表述为："为了贵公司的美好未来，我司将全力支持！"

面对此类结束语，听众内心往往无所适从，他们的反应可能包括：

"很好，那就加油吧。"

"为什么要跟我讲这个？"

"这人真会自说自话。"

由于这种客套话没有明确要求听众做出相关判断，所以很难继续开展深入交流。

要让交流取得实质进展，总结时切忌过于抽象。若以明确的要求作为结束语，对方便能明确需求，从而促进对话深入。

比如公司内部说明会，应在商务方案结尾附上具体名单，明确需协助的部门及负责人，同时确认对方是否能够协助工作。而公司对外宣讲会，则需列出时间表和工作计划，征询对方是否可按计划执行。如果现场来不及制作正式表格，可简要列出关键议题和事项，与客户现场确认。

记住：让对方做出判断是基本的商务准则。有时是你要求对方做出判断，有时则是对方需要你做出判断。在商务沟通中，绝不能出现"只想让你听听而已"这种情况。

二、四种精彩的商务方案结尾写法

（一）号召式结尾

俗话说"编篓编筐，重在收口；描龙画凤，难在点睛"。商务方案的结尾，就是方案的"收口"与"点睛"。

我们写商务方案，可以用设问结尾，如："商业最本质的关系是什么？是价值交换。通过我们双方前期多次沟通，特别是今天对合作方案的详细展示，我相信，大家对这个项目能为贵方带来的价值、所需投入和产出比，都有了清晰了解，期待我们一锤定音，达成合作！我们后续的项目组负责人是××……"

亦可用号召结尾："合作基于信任，刚才我代表公司展示了方案，如果领导们还有哪些疑问或者顾虑，欢迎现场沟通。我们知无不言，言无不尽，愿意敞开怀抱，期待与贵方达成永久合作。"

（二）名言哲理式结尾

蒋昌建在"温饱是谈道德的必要条件"的辩论中的总结陈词这样结尾："谈到这里，我不由得想起一百多年前生活在柯尼斯堡的一位叫康德的老人说过的一句话，这个世界唯有两样东西能让我们的心灵感到深深的震撼，一是我们头顶上灿烂的星空，一是我们内心崇高的道德法则。"

商务方案谈判中，我们要引导对方现场做出判断，也可借用名言哲理来结尾，例如："德鲁克曾说，创造机会，让公司和客户一起解决问题。我们期待和贵司一起，创造更多机会，发现和解决问题，助力贵司业绩蒸蒸日上。我们将在3个工作日内整理今日会议纪要及改进后的项目方案，并于×月×日提交给贵司……"

（三）祝福式结尾

人们喜欢听吉祥话，在商务场合，结合时令节气或具体环境说一些祝福语作为结尾，效果极佳。例如："春节将至，借此机会向各位领导、专家拜个早年。祝福大家春节愉快、身体健康！祝贵司业绩长虹、生意兴隆！期待我们的合作能在×年×月正式启动！"

"获知贵司正处关键转型期，如有机会参与助力，我们不胜荣幸。若此次无缘合作，亦诚挚祝愿贵司转型成功，创新突破，跃上新赛道！"

（四）总结式结尾

商务场合的沟通最忌讳的就是信息传递的缺失、错误和遗漏。在商务方案的结尾对内容进行实质性总结，可以有效规避这些问题。例如："让我们用 3 分钟时间回顾并确认今日会议的重点，我们讨论了一个核心模型，展示了项目的四个阶段，并明确了项目的关键节点……"这样的总结既清晰又明确，有助于确保双方对会议内容达成一致的理解。

第五章

路演文案写作：
每个字都可能决定成交

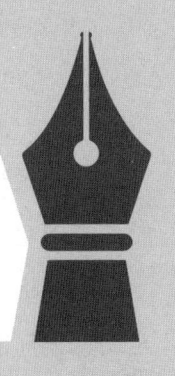

第一节　好的路演文案一定要有趣

一、什么是路演

一款新手机推向市场前，会举行新品发布会；一个创业项目想要争取更多融资，会举行项目招商会；一部电影上映前，会举行首映会。这些都是商业路演活动。

路演，最初是国际上广泛采用的证券发行推广方式，指证券发行商借助投资银行家或者支付承诺商的帮助，在初级市场上发行证券前针对机构投资者进行的推介活动。如今，路演已扩展至各领域，泛指通过现场演示推广公司、团体、产品及想法，吸引目标群体关注并激发其兴趣，以促进销售的推介方式。

路演具备三大功能：第一是宣传，让更多人知道；第二是现场销售，增加目标人群的试用机会；第三是招商，通过展示产品和销售策略，激发受众的兴趣，进而获得认可。

二、为什么要有趣

在这个注意力经济主导的新媒体时代，能吸引眼球就意味着赢得了消费者的初步关注。趣味营销，作为一种有效的策略，能够激发消费者的消费欲望，促成交易。人们天生追求趣味，一个有趣的路演文案或演示，能够迅速吸引目标群体的注意，并激发他们的兴趣，进而为商业变现铺平道路。

以董宇辉为例，他通过东方甄选直播平台，以独特的书生形象和有趣的表达方式，吸引了大量粉丝。他的直播间就像一个路演舞台，每次直播都是一场精彩的路演。他的话语不仅充满哲理，更引人共鸣，让人们感受到了他的有趣和真实。

2023年，营销界见证了一个经典的跨界合作案例：贵州茅台和瑞幸咖啡共同推出了"酱香拿铁"，这款联名产品迅速成为爆款。这一出人意料的组合，在上市首日销售额即突破亿元大关，创下了咖啡品牌单品销售的新纪录。尽管大众的口味评价褒贬不一，但丝毫不影响其网络话题热度和引发的销售狂潮。无论人们是否热衷于咖啡，是否购买了这款饮品，众多网友都在朋友圈进行了转发、点赞和评论。话题本身的趣味性，正是这一现象级营销事件背后的核心逻辑。

三、如何打造有趣的路演

（一）有趣的主题必不可少

选择一个有趣的主题，是路演成功的关键。苹果公司可以说是此领域的典范。苹果公司开创了独特的"简洁宣传体"，用最简单的方式，为世界展现前沿设计理念。除了设计的创新，苹果公司路演策划的亮点还在于主题的创新。翻看苹果公司的历届路演海报，你会发现基本每个主题都蕴含着有趣和惊喜元素。

我们来看看各行各业有趣的路演主题：

驶向未来：预约下一个十五·五驰骋世界（汽车技术应用路演）

梅赛德斯—奔驰品牌之夜：以传奇，敬未来（奔驰汽车路演）

岂止领先，还更全面（天马走进车企系列路演）

热血洒向哪里，青春都会落幕（电影《观音山》路演）

你忘记的，我都记得（电影《37次想你》路演）

别把酒留在杯里，别把话放在心里（2016年泸州老窖父亲节微电影）

生活是否美好，只取决于拥有怎样的日常（红星美凯龙路演广告）

走场的应酬越来越多，走心的朋友越来越少（2016年天猫全球酒水节路演广告）

是你，让春天来（2017年京东地铁路演广告）

（二）有趣的形式

除了有趣的主题外，路演的形式也至关重要。以华为某年秋季全场景新品发布会为例，他们邀请中国交响乐团及中国音乐学院青年爱乐乐团重新演绎华为经典主题曲《我的梦》，用气势恢宏的合唱为发布会拉开序幕。这种独特的形式不仅吸引了现场观众的注意，更在网络上引起了广泛讨论和转发。

在商业路演中，我们常面临信息传递的困境：想要传递的信息很多，但客户实际接收的信息有限。因此，我们需要结合路演主题与内容，采取丰富多样的形式来呈现信息。这些形式可以是音乐会、明星签售、互动游戏等，关键是能够与客户建立深层次链接，让他们在轻松愉快的氛围中接受信息。

同时，我们还需要注意解决以下三个问题：如何精准对接客户需求，提炼宣传的核心价值点；如何传递并引爆核心价值点，使其深植客户心智；如何通过生动演绎和互动，让客户现场参与和体验。只有解决了这些问题，我们的路演才能真正做到既有趣又有实效。

第二节　路演文案的目标应该这样写

A：老师，我们是做环保材料的，您看这个路演策划怎么样？

B：PPT很漂亮。路演的目的是什么呢？

A：哦。这次路演会来30多个人，我们想影响10多个人吧。

B：能不能再具体点？

A：再具体一点……我们想筹集到8000万元资金。

B：通常一场路演后，客户就会直接投资8000万元吗？

A：当然不是，之后我们还有跟进工作。

B：所以呢？回到我们的目标，你要对他们有什么影响呢？

A：有些明白了，我们想让他们看到这个行业的潜力。

B：很好。能再具体点吗？还要影响他们什么？

……

这是我为某投资集团完成的商务方案设计与呈现案例中一个关于路演目标设计的真实辅导过程。

很多人认为商业路演就是把产品"卖"出去。这话没错，但错在止步于此。在路演中我们该向谁宣讲？讲什么？怎么讲？为什么要这样讲？这些疑问归结于一个核心：路演的目标是什么？

面对此问，多数人的第一反应是：这还用问吗，自然是为了影响听众，促使其购买。事情真有那么简单就好了！

如果秉持此想法，路演策划和文案一定会杂乱无章，恨不得堆砌所有元素：公司简介、企业文化、组织架构、发展历程……

路演目标需要可量化、可衡量、可实现。若目标既定，便需以这三个标尺衡量，例如：这两小时的路演，哪些目标可实现，哪些有难度需调整。若路演突然由两小时缩短为十分钟，如何设计调整内容，聚焦哪些目标，舍弃哪些目标，均需深思。

凡事须有目标，商务路演方案设计与呈现亦不例外。商务路演文案的目标设计模型如图5-1所示。

图 5-1　商务路演文案的目标设计模型

一、路演的总体目标

在路演筹备阶段，我们要思考很多问题：为什么要做这次路演？最想传递什么信息？我们要说服谁？可利用的资料与素材有哪些？听众的关注点及期待是什么？路演时间如何合理规划……

总之，路演的总体目标涵盖知识性目标和说服性目标（图 5-2），旨在让客户了解我们的方案，信任我们的能力，并最终选择我们的方案。

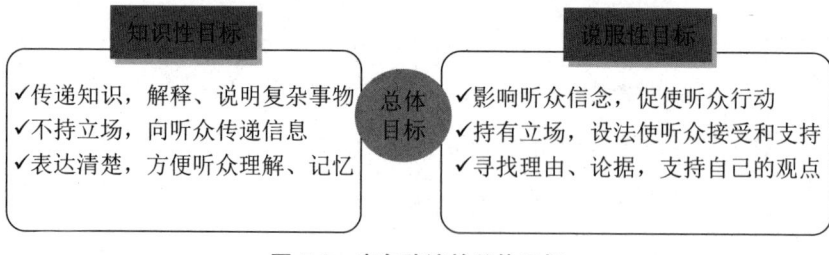

知识性目标
✓ 传递知识，解释、说明复杂事物
✓ 不持立场，向听众传递信息
✓ 表达清楚，方便听众理解、记忆

说服性目标
✓ 影响听众信念，促使听众行动
✓ 持有立场，设法使听众接受和支持
✓ 寻找理由、论据，支持自己的观点

图 5-2　商务路演的总体目标

二、路演的具体目标

路演的具体目标，就是路演方期望从听众那里得到的回应的详细陈述。我们可以使用 ABCD 法来写。

A：明确听众（audience）

首先，我们需要清晰地描述路演的听众。避免使用"潜在客户""投资者"或"独立董事"等过于宽泛的词汇，因为这些词汇无法准确反映听众的特征和需求。相反，我们应该尽量具体地描述听众，例如："在座的 30 位听众中，有 20 位曾听说过我们公司，其中 8 位与我们的营销代表有过 3 次以上的接触。"这样的描述有助于我们更好地了解听众的背景，从而制定更有针对性的路演策略。

B：设定行为（behavior）

接下来，我们需要明确通过路演希望促成听众产生哪些行为。这些行为应该是具体且可衡量的，要避免使用"知道""了解"等模糊词汇。例如，我们可以将目标设定为："让听众能够清晰记忆环保行业的三大前景，并确保至少有一位听众在现场体验我们的产品。"这样的行为描述既具体又易于衡量，有助于我们在路演结束后评估效果。

C：考虑条件（condition）

要使听众产生相应行为需要一定的条件。我们需要细致考虑这些条件，并确保其在路演过程中得到满足。例如，是否需要听众主动参与？是否需要展示 PPT 或相关视频资料？是否需要提供实物样品供听众体验？这些条件都是影响路演效果的关键因素，必须提前规划和准备。

D：设定标准（degree）

最后，我们需要设定听众行为需要达到的程度。这有助于我们明确路演成功的标准，并在路演过程中不断向这个标准靠拢。例如，在讲述行业前景时，我们可能只需要听众记住三个关键词，而无须记住过多具体信息。一旦设定了这个目标，我们就需要在路演中不断强调这三个关键词，确保听众能够深刻理解并记住它们。

三、场景分析和情境分析

场景分析主要关注路演开展所需的具体环境要素,包括人员、场地、时间及设备等关键要素。这些要素会直接影响路演目标的设定和实现。

情境分析则更侧重于路演内容本身,包括路演目标、对象、主题、核心观点、内容,以及听众的预期反应、反对意见的应对措施、其他影响路演的不利因素等方面。通过深入分析这些要素,我们可以更加精准地制定路演策略。

第三节　无策略,不路演:路演成功的五条铁律

当公司对新产品寄予厚望时,通常会精心筹备一场新品发布会;在推进新项目时,则会组建专项团队,并向合作伙伴展示路演方案。

那么,如何确保新品发布会和项目演示顺利进行呢?失败的商务演示各有不足,而成功的商务演示往往遵循以下五条铁律。

一、让演示成为主角

一旦演示开始,你便从属于演示。切记,你不是焦点,你的内容才是焦点。正如在苹果发布会上,乔布斯期望观众注意的是产品,而非他的胡须或牛仔裤。发布会的中心,始终是产品。所有元素都应服务于产品演示。

从未有一场演示能如放电影般简单,只需将产品PPT上传至电子屏,

大家安静观看两小时，随后立即购买或签署经销协议。每场路演，都需要一位灵魂人物担当演示主角，如苹果的乔布斯、小米的雷军。路演现场的演示，要像纪录片一样，把产品和服务解说得完整翔实，避免含糊其辞，切忌即兴发挥。

二、"一个"和"简单"

1. 解决一个问题，而不是解决多个问题

成熟的演示者，从不奢望在 30 分钟的演示中解决所有问题。

遗憾的是，我们常陷入一种惯性思维：面对听众，总是很兴奋，觉得我要告诉他们这个，那个他们也需要知道，对了，还有这个问题需要解决……

要想演示成功，关键在于：聚焦一个问题。你的首要任务是找到这个问题，聚焦、再聚焦，最好提炼成一个关键词，或一个核心观点。随后就是围绕这个"树根"，长出"树干"。

2. 结构越简单越好，而不是越复杂越好

查阅历史上著名的演讲，你会发现它们的结构都非常简单。要么是经典的总分总结构，要么是气势恢宏的排比，要么是过去—现在—未来的时序，要么是三个关键词构建的要素型框架……

复杂的结构容易绕晕听众。结构越简单，说明演示者对主题和观点的把握越精准。在演示现场，你的目标是让听众迅速融入主题节奏，对方案产生兴趣，而不是看到第二部分，还在思考刚才第一部分讲了什么。

3. 简单就是美观，逻辑清晰就是可视化

PPT 的美观不在于图表的堆砌，更不是炫酷的动画。根据演示需要将

观点置于显眼位置，关键信息简洁明了地呈现在 PPT 页面上，这才是真正的美观。

三、受众优先

有关商务路演方案撰写的书籍几乎都会讲一个观点：受众优先。无论是提倡"以受众为中心"，还是思考"为何说，对谁说"，都是强调受众立场的重要性。

这个原则很简单，就是把受众放在心上。

写完一篇项目计划书或路演策划书，你可以问自己：受众了解我在说什么吗？他懂这些专业术语吗？我的文案有没有清晰地传达中心论点？如果我是听众，我能听懂这段内容吗？我会购买这个产品吗？

有一个保证受众优先的关键写作技巧，即"受众导向写作"。表 5-1 是两种不同导向写出来的内容。

表 5-1　不同导向的写作技巧

以写作者为导向	以受众为导向
本公司最新推出的财务管理软件，不仅功能升级，还有友好的操作界面，适合中小企业进行各种账款的管理。	我们的财务管理软件能帮助你平衡开支、管理现金流，还能追踪潜在顾客。不仅有财务管理功能，还能促进销售。而且，这套软件操作简便，学习 1 个工作日即可熟练使用。

为了确保受众能够理解和接收你的信息，你可以采用"受众导向写作"的技巧。例如，在描述产品功能时，避免简单地列举功能特点，而应告诉受众这些功能如何帮助他们解决问题、提升效率或实现目标。

在路演现场演示时，多用"你"来增强听众的代入感，让他们感觉仿佛亲自参与了产品的研发过程。这种暗示能够促使他们更容易接受你正在展示的产品。

四、学会把握演示的节奏

路演是与环境和听众互动的过程。演示者需要根据现场情况随时调整路演内容和节奏。节奏由重复、强调与停顿共同构建，在路演中至关重要。

为了把握好节奏，演示者可以在路演文案中设计一些能够引起听众共鸣的笑点、泪点、互动点、转折点及沉默点。在演示这些关键点时，巧妙运用节奏的变化来增强表达效果。如同唱歌跳舞一样，节奏得当能够给听众带来舒适与美感，使他们更容易捕捉到路演的要点。

五、一定要做好充分准备

墨菲定律提醒我们：凡是可能出错的事，必定会出错。因此，在演示之前务必做好充分准备，并且制订备选计划。

2007年，苹果公司发布了革命性产品iPhone，乔布斯的演示从容自然、风趣幽默，赢得了满堂喝彩。乔布斯的每一场发布会都要准备至少一个月时间，内容大多由他亲自设计。在发布会前，他还用两天时间在特别技术团队的协助下，反复迭代，反复彩排，直至达到完美效果。这种充分的准备是确保路演成功的重要条件。

相比之下，那些没有做好充分准备的演示者往往会在现场出现各种问题，影响路演的效果。因此，无论你的路演经验有多么丰富，都不可忽视准备的重要性。记住丘吉尔的名言："如果你准备不充分，那就准备失败吧。"

第四节　不管路演是为了卖什么，都要讲好故事

在路演的开场，你或许经常听到这样的叙述："上周末，我正在度假，助理传来一组数据……""这是一幅有趣的图……大家都笑了，但我想说的是……"这些熟悉的套路，正是资深路演者常用的故事化开场方式。

人类天生喜欢听故事。在文字出现之前，文明大多通过故事口口相传。故事能够激发我们的好奇心，让我们想知道到底发生了什么。大脑天生对故事敏感，容易被其吸引。

大卫·奥格威在《奥格威谈广告》中提道："假如大家觉得无趣，产品不可能卖得出去。你只能靠让他们感兴趣来卖产品。"确实如此，只有让听众觉得有趣，他们才会愿意继续了解你的产品或观点。

再好的风格也无法弥补内容的空洞。商务路演的文案需要包含吸引听众的卖点，并提出有说服力的理由。为了实现这些目标，文案不仅要逻辑清晰，还需要融入情感元素，即讲故事。

来看一个感人的故事文案示例。

28岁时，我依然独自一人。没有人向我表白，我也不敢主动向他人表明自己的心意，曾一度对结婚失去信心，不抱任何希望。我甚至做好了孤独终老的打算，因为我的外貌异于其他女性，且两条腿还长得不对称。

就在我对结婚这件事情即将绝望的时候，他出现了。他虽然不是一个十分完美的人，也没有达到我想象中的情人的标准。但是他喜欢上了我，对我非常关心和体贴。我渐渐被他的关心打动了，重新看到了生活的希望，并感受到了生命的意义。于是，我们结婚了。

婚后的我们生活得非常幸福。但遗憾的是，我们没能生下自己的"爱

情结晶"。尽管如此，我们的感情依然没有受到影响。上帝将他送到我身边，我已经很满足了。

毕竟每个人的生命都是有限的。四个月前，他永远离我而去了。我无法接受这个事实，伤心欲绝。他的后事是弟弟帮忙料理的。弟弟料理完他的后事后，交给我一份足以保障我余生的保险单。这份保险单是他在生前交给弟弟的。看到这份保险单后，我更加伤心，但同时也感到幸福。遇到他是我这一生中最幸运的事。

整则文案借一个老妇人之口，娓娓道出一个感人至深的故事。整个故事没有令人厌烦的广告味，却深深吸引了读者。

再来看雷军在2023年第四次年度演讲的开场。

两个月前，我参加了武汉大学今年的毕业典礼。今年是武大建校130周年，现场有17000多人，特别壮观。作为校友，被母校邀请，在毕业典礼上致辞，对我来说，这是至高无上的荣誉。站在讲台上，我面对全校师生时，激动万分，当年记忆全部涌现出来。……1987年，36年前，我考上了武汉大学计算机系。我在图书馆里看了一本书——《硅谷之火》，建立了自己一生的梦想。

看完这本书后，我热血沸腾，激动得睡不着觉。当天晚上，星光很亮，我在武大操场上，走了一圈又一圈，走了整整一夜。我心里有团火：我要创办一家伟大的公司。梦想之火，在我心里彻底点燃了。但是，一个大一新生，一个刚从县城出来的年轻人，什么也不会，什么也没有，就想创办一家伟大的公司，谈何容易！

这么离谱的梦想，该如何实现呢？我完全理不清头绪，干脆就不想了，还是先把书读好。

在前三次年度演讲中，雷军每场平均讲述十多个故事，向听众传递情感价值。这些故事涵盖了他的学生时代、金山创业历程及小米的经营发展。雷军的路演，通过亲切的叙述方式，向"米粉"们展现了一个愿景：普通人也能创造非凡成就。

再来看一则甲壳虫汽车的广告文案。

这辆甲壳虫没赶上装船起运。仪器板上放置杂物处的镀铬有些损伤，这是一定要更换的。你或许难以注意到，但是检查员克朗诺注意到了。在我们设在沃尔夫斯堡的工厂中有3389名工作人员，其唯一的任务就是：在生产过程的每一阶段都去检查甲壳虫（每天生产3000辆甲壳虫，而检查员比生产的车还要多）。每辆车的避震器都要测验（绝不做抽查），每辆车的挡风玻璃也经过详细的检查。大众汽车经常会因肉眼看不出的表面擦痕而无法通过检查。最后的检查实在了不起！大众的检查员把每辆车流水一样地送上车辆检查台。通过总计189处查验点，再飞快地直开自动刹车台。在这一过程中，50辆车中总有1辆被卡下"不予通过"。对一切细节如此全神贯注的结果是，大体来讲，大众车比起其他车耐用而不大需要维护（也使大众车的折旧费较其他车少）。我们剔除了柠檬（残次品），而你们得到了李子（合格品）。

这则文案通过讲述甲壳虫汽车严格的检查过程，强调了其质量可靠性，消除了消费者对车辆质量的担忧。

在文案中融入故事，或运用故事构建商业文案，一定要把握故事的真实性和情感性。尽管故事中可以包含虚构元素，但缺乏情感的纯虚构故事无法打动客户。因此，策划故事型文案时，应尽量从生活原型入手，确保能够打动你的听众。

需要注意的是，故事化的语言不等于啰唆，一定要简洁，紧扣主题。

同时，故事化语言并非适用于所有情境，需根据听众特性及企业文化具体考量。

我们来看看大卫·奥格威创作的芝华士广告文案——"To Dad"（致父亲）。

因为我一生下来就认识了你。

因为那天，那辆红色的手牌自行车让我成了整条街上最开心的男孩。

因为你允许我在草坪上玩蟋蟀。

因为你有一回腰上围着抹布，在厨房里跳舞。

因为你总是为我掏出你的支票本。

因为我们的家里一直充满书香和笑声。

因为无数个星期六早晨，你放弃自己的娱乐，看一个小男孩玩橄榄球。

因为你从不对我期望太多，也从不让我空手而去。

因为无数个深夜，我在床上安睡，你还在案头工作。

因为你从不在我面前说任何下流话，让我难堪。

因为你钱包里还放着那张褐色的简报，上头是我拿到学位的消息。

因为你总告诉我，一定要把皮鞋的鞋跟擦得和鞋尖一样亮。

因为你38年来，每一年都记得我的生日，一共38次。

因为你现在见到我，还会给我一个拥抱。

因为你还总买花回家给妈妈。

因为你的白发实在太多了，而我知道他们因何而来。

因为你是个好爷爷。

因为你让我的妻子觉得自己也是这个家的一分子。

因为我上次请你吃饭，你说麦当劳就很好。

因为每次需要你，你都会在那儿。

因为你允许我犯错，也从来不说"我早就跟你说过了"。

因为你老假装你只有在读书时才需要戴花镜。

因为我对你说"谢谢"太少了。

因为今天是父亲节。

因为，如果你还配不上这瓶芝华士威士忌，

还有谁配呢？

这则文案通过描写一系列与父亲相关的温馨回忆，表达了对父亲的感激之情，并巧妙地将产品与父亲节相结合，打动了无数消费者的心。这也再次证明了故事在文案中的强大力量。

第五节　举例为证：用实例触动人心

在交流过程中，我们常会遇到这样的困境：当你竭力阐述某个道理时，即便观点正确，如果只是反复强调，也会让人觉得枯燥乏味。原因何在？缺乏生动的例证。

设想路演的情景，若非专场，每家企业可能仅有 10 分钟的展示机会。创新生态、互联网+、大数据、注意力经济、世界环境保护、前景展望等概念和内容，台下投资人已耳熟能详。在珍贵的 10 分钟内，听众可能好不容易捕捉到某个新颖观点，却被专业术语"轰炸"得失去兴致。潜在的成交机会便可能悄然流失。

然而，如果你尝试换一种方式，比如运用比喻、类比，或者举生动的例子、讲述引人入胜的故事，你的观点就会更容易被人接受。只有当听众听得懂，他们才愿意听，才能自然而然地领悟到你想要传达的道理。如

《荀子·劝学》中所言："青，取之于蓝，而青于蓝；冰，水为之，而寒于水。"通过比喻，道理变得生动且易于理解。

一、不会举例子，就不要说话

　　一个好例子，胜过千言万语。特别是阐明道理或观点时，举例尤为重要。鲁迅先生在《拿来主义》中用浅显的例子把文化遗产的精华和糟粕讲得清清楚楚。他把"文化遗产"喻为"大宅子"，把"精华部分"比作大宅子里的"鱼翅"，"糟粕"则为"姨太太"，从而把继承文化遗产要取其精华、去其糟粕的道理阐述得生动形象、通俗易懂。

　　"庄周贷粟"的故事家喻户晓。庄子到监河侯处借粟，监河侯不肯，但话又说得很圆滑："好吧，我将收到封地的租税，到时候借你三百金，可以吗？"庄子气得变了脸色：

　　"我来时，听到路中间有呼救声，我回头一看，原来车辙中有条鲋鱼，我问它：'鲋鱼，你在这做什么呀？'鲋鱼说：'我是一条东海的鱼。你有斗升之水可以救活我吗？'我说：'好，我将要去南方游说吴越的国王，到时候，引来西江之水来救你，可以吗？'鲋鱼气得变了脸色：'我失去了水，无地可游，得斗升之水就可以活命，你却这样说，还不如去干鱼铺找我'。"

　　庄子面对诘难，用一个生动的例子，就点明了监河侯不肯借粟的真意，十分巧妙。

　　记住，抛出观点时，最好辅以例证支持，尤其在商务场合。

二、用举例来说明产品功能

　　当介绍产品的复杂功能时，举例能够帮助听众更好地理解。以华为 Mate X5 的双向北斗卫星消息功能为例，这个功能对非专业技术人员来说可能难以理解。然而，华为在路演中通过几个实例，将该功能阐述得清晰易懂。

有了华为 Mate X5 的双向北斗卫星消息，即便你身处无法获取地面移动信号的地方，你仍可以通过这款手机与外界取得联系。无论是登山还是户外露营，无论是远海垂钓还是长途自驾，有了华为 Mate X5 的双向北斗卫星消息，都不必担心失联问题。通过双向北斗卫星消息，你可发送和接收对方消息，选择多条位置信息生成轨迹地图等，且任何品牌手机均可进行接收和回复。

这样的例子，让听众能够直观地理解产品的功能，并感受到其实际价值。

三、用举例来引出顾客痛点

在路演中，通过举例来引出顾客的痛点，能够更有效地吸引他们的注意。慕思公司在某次路演中，就巧妙地运用了这一方法。慕思公司是这样来引导顾客关注睡眠痛点的：

人类大脑消耗着身体 20% 的能量，而这些能量大部分用在了预设模式网络中，它会在大脑未执行有意识的活动时自动进行基本操作，相当于虽然汽车在挂空挡，但是汽车还是在运作。

当你意识到身体疲惫的时候，通过发呆休息并不能让身体得到很好放松，而是应该好好去睡一觉，让身体好好休息。

他们先解释人类大脑消耗大量能量在预设模式网络上，即使大脑没有执行有意识的活动时，也会自动进行基本操作。然后，通过举例指出：当你感到身体疲惫时，仅仅通过发呆休息并不能让身体得到很好的放松，而应该好好睡一觉。这个例子，巧妙地引出了睡眠的重要性以及慕思床垫所能解决的痛点。

四、用举例来做顾客见证

顾客见证就是告诉台下的听众：已经有人行动啦！并在听众潜意识中植入一种信息——我们值得信任。人们往往更倾向于接受他们熟悉和了解的事物，若信息缺乏实例支撑，听众便会觉得缺乏说服力。

在举例时，不能仅依赖枯燥的文字信息，有时还需结合图片、视频等要素，要有鲜活的数据来证实和阐述你所提出的概念或理论的正确性。在选择顾客见证的例子时，主人公最好是听众认识的人，其次是名人，或者是演示者本人。无论是推销产品、品牌还是服务，最好自己就是最大的受益者，这样才更具说服力。

2009年，香飘飘的一则广告传遍大街小巷："一年卖出3亿多杯，杯子连起来可绕地球一圈。"到2011年，其奶茶销量激增至10亿多杯，足以绕地球3周。这则广告通过生动实例，把顾客见证与潜在消费者联系在了一起。

五、例子重在精，不在多

非虚构写作作家凯瑟琳·博说："三个表述清晰、精心准备的案例——如果它们背后有一组精准尖锐、指向某个更大的问题的证据做支撑的话——远胜过20个提了问题却不能解决的案例。有一个、两个或者三个部分的故事，要比有16个部分的故事更有效。"

尽管例子具有诸多用途，但也不能滥用。如果一场路演全程依赖举例来阐述观点，将面临两大潜在风险：一是错失以其他方法和听众互动的机会，二是占用讲解其他关键内容的时间。

例子贵在真实，因此，一定要关注例子中的行业、数据、时间、人物等关键细节，避免凭空臆造，要反复核实和确认。

第六节　"三化"模型，教你用数据说话

人们常说：用数据说话。在路演中，数据确实能为观点提供有力的支撑。但是，数据本身并不会直接说话，它们需要被赋予意义和解释。

比如，当你看到"90%""50万""10000人"这样的数据，它们能告诉你什么？如果没有具体的阐释，这些数据可能只会让你感到诧异或不解。

然而，通过形象化、生动化、情景化的"三化"设计与演绎，数据立马会鲜活起来，成为有力的说服工具。如何运用"三化"模型让数据说话？具体有以下两种方式。

一、讲故事

人们普遍喜欢听故事，因为故事的语言形象、情节生动，且充满冲突和悬念。通过讲故事的方式，我们可以轻松运用"三化"技巧，让数据变得更具吸引力和说服力。

举个例子，小时候我们都读过《假如给我三天光明》，海伦·凯勒用一个完整的故事，把"三天"这个数据深深刻在了我们的脑海里。同样

地，在商务路演中，我们也可以借助讲故事的方式，让数据"开口说话"。

比如，在辅导某航空公司的商务方案设计项目时，一位市场经理抛出了一个数据：92.78%。这个数据立刻吸引了大家的注意力。随后，他发问："大家知道这个数据代表什么吗？"然后解释，这是该航空公司在所有天气情况下的准点率。他继续讲述，这样的准点率对于航空公司来说难能可贵，是品牌支撑和团队努力的体现。围绕这个数字，他顺理成章地引出了方案的主题。

再比如，在辅导某银行消费金融工作汇报时，一位"服务之星"在汇报中强调了"24小时"这一数据。她通过讲述自己24小时为客户服务，即使在凌晨两点接到客户来电也能耐心倾听并即刻解决问题的小故事，将听众带入情境，使"24小时"服务这一概念变得生动鲜活，令现场的每个人都对这个数据印象深刻。

二、层层深入

就如抽丝剥茧，我们先赋予数据形象，再让其生动化，把听众带入情境。举个例子，如果我们说，"这个怪物很高，足有10米。"这样的表述略显枯燥，尤其是对于小孩来说，他们对10米的高度可能全无概念。

如果我们换种说法："这个怪物好高，足有10米，就像3层楼那么高。"看，这样是不是就赋予了怪物一个具体的形象？

然而，要真正打动听众，仅仅如此还不够。我们可以继续深入："这个怪物好高，足有10米，就像3层楼那么高。最恐怖的是，它不像楼房那样静止不动，而是会手舞足蹈。试想一下，一个三层楼那么高的怪物，摇头晃脑，大踏步向你走来，是什么感觉？若要打败它，你需要再长高至少8米，就是把9个你叠起来后的高度。"

如此描述，数据不仅变得生动鲜活，还充满了情境感，让听众能够身临其境地感受数据的魅力。这才是真正地在"三化"数据，让数据在说话。

总之，要让数据说话，我们必须层层挖掘数据背后的价值点，并通过形象化、生动化、情景化的方式清晰地呈现给听众。这样，数据才能成为路演中的有力武器，帮助我们更好地传达观点、说服听众。

第六章

职场宣传写作：
掌握流量密码，开启无限可能

第一节　新媒体文章：吸引与转化的写作技巧

新媒体时代已经到来，它改变了我们获取资讯的方式。过去，我们依赖内刊、报纸、杂志、广播、电视及主流网站获取资讯；如今，微信公众号、微博、视频号、今日头条、知乎、小红书、B站等平台让我们能随时随地接触各类信息。这些随着移动互联网技术发展而兴起的媒体渠道，我们称为新媒体。新媒体的崛起，使得发布内容的门槛降低，无论是个人还是企业，都能通过这些渠道进行宣传和推广。

一、新媒体写作的价值

对个人而言，新媒体写作是展示自我、实现价值的重要途径。拥有专业知识的人可以分享考研、旅行、历史、物理等知识；有技术专长的人可以传授美食制作、摄影技巧、沟通技巧等；擅长情感表达的人则可以发表观点、撰写评论，引发公众共鸣。通过新媒体写作，个人价值在互联网上得以不断放大，从而实现线上和线下的各种变现。

对企业来说，新媒体文章是进行内外宣传的重要渠道。新媒体时代，新闻触手可及，企业可以随时发布新闻实现用户触达。公司新产品发布、预售及发布会现场均可以发消息，发布会结束又可以综合报道。公司召开了重要会议，整理出新闻稿并及时发布，对行业和社会也会产生重大影响。如果你是公司"笔杆子"，撰写新媒体文章是必备技能。

然而，新媒体的崛起也带来了新的挑战。个人要想在新媒体写作中凸显特色，打造高流量的个人IP；企业要想在注意力经济时代做好宣传和推广，关键在于持续创新，紧跟时代步伐。创作高质量的新媒体文章，充分发挥新媒体的势能，是个人与企业成功进行宣传推广的核心所在。

二、写好新媒体文章的关键："三好"公式，塑造好标题

你是否曾因一个吸引人的名字而拿起一本书或是看一部电影？为何有些文章能够轻松获得过万，甚至十万以上的阅读量？这都离不开一个出色的标题。一个好的标题，不仅是成功的开始，更是吸引读者注意力的关键。正如人出生后取名，公司注册时命名，文章也同样需要一个引人注目的标题。标题，就是文章的名字，是吸引读者、引导他们继续阅读的重要门户。

在新媒体时代，读者面对海量的信息，往往只在一两秒内就决定是否继续阅读。而这个决定，很大程度上取决于标题的吸引力。一个优秀的标题，不仅能吸引读者的注意，更能激发他们的阅读兴趣，有时甚至能直接带来成交。

以史蒂芬·柯维的《高效能人士的七个习惯》为例，这本书已畅销二十多年，被《财富》誉为"史上最畅销的书籍之一"，《福布斯》盛赞其为"十大最具影响力的商业书之一"。然而，鲜为人知的是，此书书名历经数次变更，最初为《与成功有约——全面造就自己》，后演变为《与成功有约：高效能人士的7个习惯》，最终定名为《高效能人士的七个习惯》。哪个书名在市场上更容易获得成功，显而易见。

《羊城地铁报》于2012年3月12日刊登了一篇报道，题为《大书特书：从悬疑中窥见真实的日本》。文中提到："一本剖析日本二战真实心态的长篇悬疑小说《一个背叛日本的日本人》空降全国各大图书畅销榜。当当网后台显示，该书每天的销量高达800册。《一个背叛日本的日本人》作者是日本'国民级作家''悬疑宗师'松本清张。令人咋舌的是，这本原名为《球形的荒野》的经典作品，在过去10年里，在中国的销售几近为零，仅仅因为改了个名字，就一炮走红。"

在新媒体时代，商务信息浩如烟海，如何用有限的字眼迅速吸引并说服读者，让他们相信你的文章值得一读？

好标题 = 好的寓意 × 好的价值 × 好的表达

掌握这个"三好"公式，你也可以写出有吸引力的好标题。

（一）好的寓意

名不正则言不顺，言不顺则事不成。一个好的标题，首先要有好的寓意。有美好寓意的标题往往能够经久不衰，更能引发读者的共鸣和传播。无论是给项目命名，还是为文章起标题，都应该思考如何传达出积极、正面的信息。

如果你正准备给客户呈报一份项目方案书，建议先思考如何给整个项目赋予一个好标题，例如"星火计划""蒲公英计划""雄鹰蜕变项目""30天美丽总裁训练营"等。如果你要在公众号发布文章，希望获得更多流量，不妨多使用"伟大的梦想""我的坚持最终换来了成果""是什么让我坚定选择相信"等积极的语句，正能量的"鸡汤"永不过时。

我们来看一些顶级的广告文案。

未来，为我而来（出自雪佛兰汽车）

有兄弟，才有阵营（出自红星二锅头）

生命就该浪费在美好的事物上（出自统昂·曼仕德咖啡）

未来，是对梦想的追求；兄弟，是对情谊的表达；美好，是对人生的真爱。把这些关键词提炼出来，赋予了产品人性，表达了人们对真、善、美始终不渝的追求。这样的标题，能够迅速与人产生连接，引发共鸣。

1. 如何赋予标题好的寓意

（1）提炼积极向上的关键词

在构思标题时，我们可以围绕梦想、品德、感情、行动等积极向上的关键词展开思考。

与梦想相关：梦想、未来、畅想、遨游、中国梦、理想、宏图、蓝图、构想……

与品德相关：勤奋、诚信、真诚、善良、仁义、礼仪、热爱、进步、宽容、正直……

与感情相关：忠贞、热爱、喜欢、付出、陪伴、无私、快乐、感动、幸福、欣喜……

与行动相关：积极、向上、坚持、努力、奋进、前进、追求、踏实、深耕、钻研……

以奥运会主题口号为例。

2008年北京奥运会："同一个世界，同一个梦想"（One World，One Dream），这个口号表达了全球团结、共享奥林匹克精神的美好愿景。

2022年北京冬奥会："一起向未来"（Together for a Shared Future），简洁而富有力量，号召全世界人民携手共进，共同追求美好未来。

（2）多用比喻、象征、双关等修辞手法

运用比喻、象征、双关等修辞手法，可以使标题更加生动、有趣，富有新意。

清华大学在"创青春"大赛中申报的一个旨在解决部分农村人口获取清洁自来水问题的项目，名为"清源计划"。这个标题一语双关，"源"既指水源，又寓意源头、源泉，简洁明了，与主题深度相关，且富含深意。

2018年新华社获中国新闻奖特等奖的作品标题是：十年磨一剑——中国载人航天工程。"十年磨一剑"，把中国载人航天工程事业比作"磨剑"，凸显了中国航天人的坚韧不拔与辛勤付出。同时，"剑"和"箭"一语双关，使得标题的寓意更加巧妙、深刻。

"青藏铁路：世界屋脊上的钢铁大通道"这个标题用一则巧妙的比喻，让青藏铁路的雄姿跃然纸上，字里行间彰显了我国的综合国力和民族大团结精神。

在实际应用中，这些修辞手法可以显著提升标题的吸引力。例如，在企业培训课程中："苹果橘子经济学"这个标题运用比喻，将复杂的经济学理论融入财务管理课程；"六顶思考帽"用颜色象征不同的思考模式，使课程内容更加直观易懂；"你的形象价值百万"（礼仪）、"控制成本的七把砍刀"（财务）、"三板斧：有效处理客户投诉"（服务）等课程标题，都运用了修辞手法，使内容看起来更加生动有趣。

通过提炼积极向上的关键词和巧妙运用修辞手法，你可以创作出既富有寓意又吸引人的标题，从而更有效地传达你的信息，激发读者的兴趣和共鸣。

2. 标题既要有好的寓意，也要合规

（1）新华社新闻信息报道中的禁用词和慎用词

- 对身体有伤疾的人士不使用"残疾人""独眼龙""瞎子""聋子""傻子""呆子""弱智"等蔑称，而应该使用"残疾人""盲人"等词语。
- 在报道各种事实特别是产品、商品时不使用"最好""最著名""最先进"等带有极端评价色彩的词汇。
- 医药产品报道中不得含有"最佳疗效""根治""安全预防""安全无副作用""治愈率"等词汇，药品报道中不得含有"药到病除""无效退款""保险公司保险""最新技术""最高技术""最先进制法""药之王""国家级新药"等字样。

- 通稿报道中不使用"影帝""影后""巨星""天王""男神""女神"等词汇。
- 对各级领导同志的各种活动报道，要慎用"亲自"等词。除了党中央、国务院召开的重要会议外，一般性会议不用"隆重召开"字眼。
- 对国内领导干部和国有企业负责人，不使用"老板"。
- 报道中一般不有意突出某一类型的群体或某一种身份。如灾祸报道中，不使用"死难者中有一名北大学生，其余为普通群众"的类似提法。

(2)《中华人民共和国广告法》相关违禁词

❏ **严禁使用极限用语**

- 严禁使用国家级、世界级、最高级、唯一、首个、首选、顶级、填补国内空白、独家、首家、最新、最先进、金牌、名牌、优秀、顶级、独家、全网销量第一、全球首发、全国首家、全网首发、世界领先、顶级工艺、销量冠军、第一（No.1/Top1）、极致、永久、掌门人、领袖品牌、独一无二、绝无仅有、史无前例、万能等。
- 严禁使用最高、最低、最具、最便宜、最新、最先进、最大程度、最新技术、最先进科技、最佳、最大、最好、最大、最新科学、最新技术、最先进加工工艺、最时尚、最受欢迎、最先等含义相同或近似的绝对化用语。
- 严禁使用绝对值、绝对、大牌、精确、超赚、领导品牌、领先上市、巨星、著名、奢侈、世界或全国×大品牌之一等无法考证的词语。
- 严禁使用100%、国际品质、高档、正品等虚假或无法判断真伪的夸张性表述词语。

❑ **违禁时限用语**

限时须有具体时限，所有团购须标明具体活动日期，严禁使用随时结束、仅此一次、随时涨价、马上降价、最后一波等无法确定时限的词语。

❑ **违禁权威性词语**

- 严禁使用国家×××领导人推荐，国家××机关推荐，国家××机关专供、特供等借国家、国家机关工作人员名称进行宣传的用语。

- 严禁使用质量免检、无须国家质量检测、免抽检等宣称质量无须检测的用语。

- 严禁使用人民币图样（央行批准的除外）。

- 严禁使用老字号、中国驰名商标、特供、专供等词语。

- 严禁使用疑似欺骗消费者的词语，例如"恭喜获奖""全民免单""点击有惊喜""点击获取""点击试穿""领取奖品""非转基因更安全"等文案元素。

- 严禁使用激发消费者抢购心理的词语，如"秒杀""抢爆""再不抢就没了""不会再便宜了""错过就没机会了""万人疯抢""抢疯了"等词语。

- 严禁使用迷信用语：带来好运气、增强第六感、化解小人、增加事业运、招财进宝、健康富贵、护身、平衡正负能量、消除精神压力、调和气压、逢凶化吉、时来运转、万事亨通、旺人、旺财、助吉避凶、转富招福等。

（二）好的价值

人们都偏爱能给自己带来实际价值的信息。倘若标题能洞悉人性，触及读者的切身利益，并给读者提供实质性的好处，那么它便能立即吸引读者的注意。标题如何传递好的价值？关键在于"三有"：有趣、有关、有用。

1. 有趣

有趣的标题能够激发读者的好奇心，促使他们继续探究。例如，"我下班给妈妈买了一条裙子"这一标题平淡无奇，对读者来说没有任何亮点。如果改为"我下班给妈妈买了一条1800元的裙子，妈妈却让我拿给婆婆"，则信息量倍增，情节丰富且有转折，更具故事性，更易激起读者好奇心，促使他们点击阅读。

（1）用故事化标题

通过设计人物、情节（时间、地点、事件）及结果的冲突，营造出趣味性，吸引受众的注意力。例如：

- 这10个笑话，让全世界华人都笑晕了
- 既是音乐，也是历史：这20首歌，如何改变了我们的世界

图6-1是1994年的一则钢琴广告，虽年代久远，但至今仍显创新。其高明之处在于它没有把焦点放在产品（钢琴）上，说钢琴怎么好，有什么功能，而是聚焦到人。这就为标题的故事性奠定了基础。更妙的是，它的内容不针对使用者（孩子），而是营造了一个场景，直接和消费决策者（父母）对话，精准捕捉父母的心理，成就经典之作。

图6-1　××钢琴：学琴的孩子不会变坏

图 6-2 是一则用产品讲故事的经典广告，一家矿泉水企业，不生产水？第一句话就营造了冲突，吸引了受众的注意力。随即，受众心中疑问丛生：那你们生产什么？紧接着，广告以"我们只是大自然的搬运工"巧妙回应，一问一答间编织了一个精练的故事。

图 6-2　广告语

（2）用悬念式标题

这类标题故意隐藏部分内容，比如不告诉你时间、隐藏事件的某个过程或让人物躲在幕后保持神秘感，营造一种悬念，从而引起受众的好奇心和期待。例如：

- 一首 3 岁孩子演唱的歌，听到 35 秒时我震惊了！
- 华为面试题：一滴水掉入大海如何找回？扫地阿姨的回答太经典了
- 她刚上台时大家的笑声，变成了 5 分钟后全场的泪水……（删前速看）
- 我猜，你从没见过这么厉害的女孩！
- 外国人最爱的中国城市之一，好玩好吃，不输三亚，却鲜少出镜！
- 北京很大，深圳很忙，我在南宁刚刚好

案例 1：《峡江水利枢纽："抬田"破解国内水利建设头号难题》

这是第二十三届中国新闻奖电视消息三等奖获奖作品，来自江西广播电视台。这个标题是典型的悬念式标题，表面叙述完整事件，实则暗藏伏笔。看到这个标题，读者定会心生好奇：到底是什么头号难题被破解了？水中建设难题众多，读者心中各有猜想，此时标题就巧妙触发了个人的具体经验，吸引读者去消息中寻找答案。

案例 2：一等奖拿到手软的关中怎么写标题

关中，第十三届长江韬奋奖韬奋系列获奖者。在电台担任记者期间，他为黑龙江省赢得了首个中国新闻奖一等奖，并六次荣获中国广播电视奖一等奖。转至电视台后，他带领的黑龙江电视台新闻中心荣获"全国五一劳动奖状"与"全国广电系统先进集体"称号；该中心八次获得中国新闻奖一等奖，其中五次直接得益于他的策划与参与。

关中擅长运用悬念式标题吸引读者。以下是他荣获中国新闻奖一等奖的作品标题示例：《欠债咋就不还钱》《交警来开会，高速路堵车》《万里追光明》《那一刻，春暖花开》。

2. 有关

与读者相关的标题更能吸引他们的注意。这可以通过限定性别、地域、职业、岗位、年龄及兴趣等来实现。

（1）利用"自我参照效应"

自我参照效应，是指记忆材料与自我相联系时的记忆效果优于其他编码条件的现象。如以下案例。

- 所有身份证尾号是单数的朋友，下个月开始，你要注意了！（与身份证尾号有关）
- 湖北人速看，家乡出了这么大的事！（与地域有关）

- 理科生如何成为媒体人？（与理科生和媒体人有关）
- 这200字，每个二胎妈妈都应该看看！（与二胎妈妈相关）

（2）掌握"3U"公式，创作"有关"标题

"3U"就是迫切性（urgent）、独特性（unique）、针对性（ultra-specific）。

①迫切性（urgent）就是给读者一个立即采取行动的理由，最常见的方法是在标题中加入时间元素，以此营造迫在眉睫的感觉。

例如以下标题：

- 今年在家工作的目标：赚到100万
- 全行业最新研究报告首发优惠，仅此1天
- 比起脱单，你更需要的是脱贫
- 坚持这件事，一年以后你会感激现在的自己
- 20岁不努力工作，40岁就等着裁员吧
- 半生已过，学会沉默
- 你还没用5G，但6G争夺战已经开始了

②独特性（unique）。如何使文案标题具有独特性？可以展示新事物、新观点，或将已知事物、观点以全新方式来呈现。

例如以下标题：

- 生活不只有诗和远方，还有面包和水
- 阻挡你的不是努力程度，而是思维方式
- 世界正在偷偷奖励爱读书的人
- 管自己是佛，管别人是魔
- 别高估你和任何人的关系

- 00后职场"请假条"走红，理由都懒得编，老板：编个骗我一下也好

③针对性（ultra-specific）。这类标题给读者划定了一个范围和框架，使读者稍不留神就会深入其中。

例如以下标题：

- 人力资源项目必须规避的3大陷阱
- 在飞机上绝对不要吃的东西
- 申请退税的最佳时机
- 你还在"死读书"吗，教你三招快速提升学习力
- 人生清单：2023年最值得去做的30件事
- 8条黄金定律，改变自己"穷忙"一生

3. 有用

顾名思义，读者能从标题中直接感知到对其有用的信息。

"有关"强调的是标题和内容需与读者与听众的兴趣点及关心事项紧密相连。"有用"则强调受众能从标题中获得的明确信息：哇，这篇文章太好了，能给我物质上的收获，比如升职、加薪、赚钱、省钱、奖品、福利等；或者能给我精神上的收获，比如感动、快乐、情感的宣泄、共鸣等。

（1）提供实际的价值——有用

- 《管理者实践》《公司的概念》《21世纪的管理挑战》（彼得·德鲁克经典作品）
- 为什么那些手机厂商对这5件事情从来闭口不谈？（自媒体文章标题）

- Office（办公室）不用太大，装得下梦想就好（办公室租赁广告）

（2）提供独特的观点——有用

- 只有坏人和庸人才"热爱集体"（自媒体文章标题）
- 干部环湖走，百姓无路走（新闻作品标题）
- 伟大的反义词不是失败，而是不去拼（耐克《活出你的伟大》广告作品）
- 有人驱逐我，就有人欢迎我（豆瓣品牌宣传片《我们的精神角落》）
- 一起文艺到老，连皱纹都是美好（出自 Nice in 内衣类垂直电商平台文案）

（3）让受众产生认同感——有用

- 危急时刻踢倒歹徒，张槐乾好样的（新闻作品标题）
- 有兄弟，才有阵营（红星二锅头广告）
- 年轻就要醒着拼（东鹏特饮广告语）
- 每个人只能陪你走一段路（电影《山河故人》海报文案）
- 再小的个体，也有自己的品牌（微信公众号文案）

（三）好的表达

苹果手机、小米科技、桔子酒店、淘宝网，这些公司的名字好在哪里？核心就在于好的表达，既好听又好记，朗朗上口，一听就明白，便于传播。

我们创作标题的初衷是什么？第一，让人一看就明白文章在讲什么；第二，通过标题就能洞悉文章想要传达的核心价值；第三，也是至关重要的一点，标题要能够吸引人，有差异化价值。前两点是标题的内在核心，而第三点侧重于吸引受众注意，标题须具备视觉冲击力。

以下七种有效的表达技巧，可以帮助大家创作出好标题。

1. 提问

利用读者的好奇心，通过提问式标题吸引他们点击。

名著的提问式标题：

《钢铁是怎样炼成的》（作者：尼古拉·奥斯特洛夫斯基）
《哲学家们都干了些什么？》（作者：林欣浩）

新闻作品的提问式标题：

《谁是最可爱的人》（作者：魏巍）
《涉嫌造假、创始人辞职，卡车界的"特斯拉"要凉了吗？》（来自界面新闻）

自媒体文章的提问式标题：

《百亿级的无糖茶饮市场背后，存在哪些投资机会？》（来自"吴晓波频道"公众号）
《罗胖60秒：为什么要"认命不认输"？》（来自"罗辑思维"公众号）

TED演讲的提问式标题：

《怎么说话人们才会听》（朱利安·崔杰）
《我们为什么快乐》（丹·吉尔伯特）
《我如何做到水下屏气17分钟》（大卫·布莱恩）
《学校如何扼杀创造力》（肯·罗宾逊）

2. 自问自答

设问式标题，通过提问和回答的形式，激发读者的好奇心。例如：

《总是存不下钱？央视理财专家给你三点意见》(自媒体文章标题)

《谁说女子不如男》(新闻作品标题)

《减肥对外貌改变有多大？比整容还猛啊!》(某公众号文章标题)

3. 改编

对大家熟知的名言、名著、俗语或热门语句进行改编。例如，网络小说《坏蛋是怎样炼成的》，其标题改编自名著《钢铁是怎样炼成的》。畅销定位书籍《二十二条商规》(艾·里斯与杰克·特劳特合著)，其标题则借鉴了长篇小说《第二十二条军规》(约瑟夫·海勒著)的标题。

4. 对比

强烈的对比能给读者心灵带来不小的冲击，让人忍不住想点开一探究竟。有些名著就巧妙运用了对比手法来命名，例如司汤达的《红与黑》、屠格涅夫的《父与子》、列夫·托尔斯泰的《战争与和平》以及威廉·福克纳的《喧嚣与骚动》。

类似风格的文章标题还有"大多数人找借口，少数人寻答案"和"失败者空谈励志，成功者付诸实践"。

5. 借助热点

热点广受大众喜爱，借助热点来创作标题，能有效引起读者兴趣，增加流量。可借用热点电视剧、电影或者其中片段的热点，如《杜拉拉升职记》走红后，众多"升职记"跟风涌现，赚足了眼球；《甄嬛传》热播时，出现了一批跟风文案，比如"领导，臣妾做不到啊""这样来沟通，想必是极好的""客户眼里看不得贵的东西"等。也可借用网络话语的热点，例如"×××，你妈妈喊你回家吃饭"曾引发"×××，你××喊你回家××"的创作热潮。

6. 数据

数字能给读者带来视觉冲击，赋予内容以准确度和可信度，无论数字大小，都易引发读者阅读兴趣。

例如，《76秒8个动作司机吴斌临危保护24名乘客》，这篇作品荣获第23届中国新闻奖一等奖，是杭州文广集团"最美司机吴斌"系列报道中的一篇。它通过三个具体数字，把整个事件的脉络勾勒得栩栩如生，想让人一窥究竟。

用数字命名的书籍也不胜枚举，如《一千零一夜》《第二十二条军规》《三国演义》《一个女人一生中的二十四小时》《七侠五义》《十日谈》《三个火枪手》和《1984》等。

7. 盘点推荐

喜爱足球的观众都了解，《天下足球》栏目有一个备受瞩目的环节——本期十佳球。岁末年初，各行各业都热衷于回顾与盘点，诸如"2024年十大必游景点""2024年最畅销的10本经管书"以及"每年一部，过去10年最火的10部电视剧"等。

这类标题仿佛在向读者发出邀请：我们汇总了大量精华内容，您是否感兴趣？那就点击进去一探究竟吧。

三、一切从构思开始！好文章的创作过程

在撰写广告文案或宣传文章时，人们往往习惯直接坐在电脑前，要么急于找模板，要么第一时间就动笔。在准备创作新媒体文章时，切记先远

离电脑。我们不缺信息，缺的是独特视角、亮点与个性。要让文章从众多新媒体文章中脱颖而出，不被海量的同质化内容淹没，就得打造很强的个人IP。

一切从构思开始！构思文章时，需要全盘考量，并确定主旨。建议大家常用三种辅助工具：纸笔、白板和便笺纸。

（一）纸笔

写作是感性思想和理性逻辑相结合的过程。当你认真构思一篇文章时，创作灵感常在刹那间涌现，也许在出差途中，也许在咖啡厅、公园，甚至在如厕时刻。此时，你需要拿出纸和笔，迅速记录下这些灵感。与电脑不同，纸笔能让你随心所欲地涂写和勾勒自己的想法。在纸上写写画画，能更充分地激发右脑活力，使记录的思想更深刻有力。

（二）白板

如果你有一系列的想法，不妨将它们记录在公司或家里的白板上。记录完毕后，建议你退后几步，仔细审视这些内容，并思考如何以完整的结构将其组织起来，以及如何用生动的数据和案例将它们呈现出来。你可以边想边画，白板上有足够的空间。写写画画之后，你会发现思路已渐渐显现。

（三）便笺纸

这是一个极其实用的工具，尤其在团队进行头脑风暴和创意激发时。你可用便笺纸记录每个人的想法，或者让大家写出各自的想法。当所有想法都呈现出来后，每个人陈述自己的观点，或对其他人的观点进行补充。尽管过程可能稍显杂乱，但往往越乱越有成效。讨论结束，你会发现思路慢慢变得清晰起来。

四、635 卡片法：发挥集体智慧，用激烈的头脑风暴来创作

都说头脑风暴很实用，于是无论大会小会，不论是为产品起名还是制定公司战略，很多领导都喜欢组织员工进行头脑风暴。但多数情况下，大家都你看我、我看你，最多两轮讨论后，便再也写不出、说不出新点子了，预期的头脑风暴变成了"毛毛雨"，不了了之。

头脑风暴虽好，但要产生效果，需有逻辑和流程作为支撑。下面给大家分享一种极为实用的头脑风暴方法，它既蕴含逻辑机理，又包含清晰的操作步骤。

"635 卡片法"："6"是指 6 人一组，围坐在一个圆桌前，"3"是指每人每次在卡片上写出 3 个构想，"5"是指每 5 分钟传递一次。写完 3 个构想后，将卡片按顺时针或逆时针的顺序传给邻座，接着每人再在收到的卡片上写 3 个新构想，继续传递并重复此过程。30 分钟内完成五次循环，最终可产生 108 个构想。

（一）准备阶段

第一步：确定议题，并由主持人或相关人员简要说明相关背景。

第二步：由主持人引导，厘清关键点并重新阐述，形成最终议题。

第三步：进行分组，每组 6 人。若条件允许，将各组带至不同场地，以避免小组间相互干扰。

第四步：为每组每位成员发放一张构想卡。

（二）开始阶段

第一步：针对议题，每人限时 5 分钟在"构想卡"上记录 3 个构想。

第二步：时间一到，把"构想卡"传给邻座（依约定，传给左侧或右侧邻座）。

第三步：每人在传来的"构想卡"上，写下另外三个构想（可借鉴，但不允许重复）。

第四步：每5分钟传递并撰写一次，共进行六轮，最终收集到108个构想。

（三）总结阶段

第一步：审视每个构想，进行初步分类（在分类之前，我们需要把每张构想卡上的每个提议剪下来），并按既定原则进行评估。

第二步：重复分组，挑选提案，拟定策略，交付执行。

第二节　职场演讲：用语言征服听众

新员工代表发言、业务竞赛演讲、经验分享、竞聘陈述、述职报告……职场中充斥着各种演讲。每一次演讲，都是一次公开展示自己的机会，特别是在重要场合的演讲，简直就是平步青云的机会。因此，如何撰写一篇出色的职场演讲稿，是值得职场人士深入研究和探讨的课题。

一、高水平的演讲稿都有什么特征

不做则已，要做就做到最好。演讲稿设计得好，能让你在职场中脱颖而出。

"时光荏苒，白驹过隙，转眼我来公司已经8年了……"此类演讲稿怎么样?"学生气"太重,识别度不高,在职场中难以让人惊艳。高水平的职场演讲应如此:"公司的 15 年发展,我的 8 年奋斗……"演讲稿的优劣,取决于如何选题、结构布局及表达方式。

(一)小题目,大内涵

做房子的第一步是打地基,地基不牢,房屋则无法稳固。选定演讲稿的主题,就如同打地基一般至关重要。一般的演讲稿往往题目大、内涵浅,试图涵盖太多内容,结果却显得杂乱无章,主题模糊。相反,高水平的演讲稿能够聚焦主题,题目虽小,却易于切入,由此展开的内容广泛且深刻。

比如,《我的中国梦》与《28 岁打工人的中国梦》《35 岁创业人的中国梦》相比,后两者更具象、更有识别度。同样,《努力拼搏,再创辉煌》与《十年汗水只为争得这一项荣誉》相比,后者因主题更为深刻,更能吸引听众的注意。

如何让演讲稿从小处着眼,小主题体现大内涵? 动笔之前,请大家先问自己四个问题:

- 我的受众对象是谁?
- 主办方为什么要我参加这个演讲?
- 听众期待我带来什么价值?
- 如果我只能对听众说一句话,我将说什么?

明确这些要点后,演讲稿的主题自然就清楚了。

谈及著名演讲,很多人第一时间会想到马丁·路德·金的《我有一个梦想》。"我有一个梦想,有一天这个国家会站起来……""我们认为这些真理是不言而喻的——人人生而平等。"这篇 1963 年的演讲,不仅让现场听众热血沸腾，即便透过文字，我们也能深切感受到它的震撼力。如此经典的演讲，绝不是临时兴起之作，一定经过了精心分析和打磨。

首先要思考的是：受众是谁？即演讲所面向的对象。这个对象可能是一个人、一群人、某个岗位或职级。《我有一个梦想》的焦点是美国黑人群体。明确了对象，就容易确定自己的角色及演讲的目的，进而深入分析听众的需求。他们最关心什么？演讲者能提供什么？在此基础上，寻找双方的利益平衡点。

通过上述分析，我们可以提炼出演讲的核心，即演讲主题，它是无论演讲时间长短与素材多少，都需让听众铭记的一句话或关键词。撰写演讲稿前，请思考并明确这一点。这件事做好了，演讲就已经成功了一半。

在2021年中华全国总工会主办的"中国梦·劳动美——永远跟党走 奋进新征程"全国职工演讲比赛中，来自中国铁建的马小利以《初心不忘，匠心永恒：一名"农民工"在新征程上的奋进之路》为题，生动讲述了自己从"农民工"成长为"金牌蓝领"，再成为劳模及工匠人才创新工作领军人物的励志故事，征服了现场的评委和观众。

2023年7月19日，中国电力企业联合会揭晓了电力精神主题演讲比赛的获奖名单。观察获奖作品，其主题多聚焦于细微之处，通过小视角展现大主题。特等奖的三篇作品：《"小白鹤"的中国梦》《电亮彝乡 守护光明》及《一个核电女工程师的青春》，分别围绕一个水电站、一个彝乡、一位核电女工程师展开，巧妙实现了以小见大的选题构思。

一等奖作品如《二十年 做好一件事》《梦想绽放在水做的阶梯上》《奉献是一种美丽的情怀》，均是从"一件事""水做的阶梯"及"奉献"这些小切入点来聚焦并展开主题。

（二）环环相扣，逻辑严密

我们并不否认模块化的价值，在某些情况下，它确实构成了一种稳固的结构。然而，一般的演讲稿常采用简单的"模块化"布局，点与点、事与事之间没有紧密的逻辑联系，显得随心所欲，类似"流水账"。这种叙述虽"安全"，可无限填充内容，但没有重点；尽管看起来结构"整齐"，却缺少节奏感。

高水平的演讲稿在结构上往往独具匠心，如采用"过去+现在+未来"的宏大时间框架，AIDI（注意—兴趣—渴望—行动）的营销结构，或"价值—要点—方法论"的经典"3W"（why-what-how）模式。鉴于演讲时间有限，如何在有限的时间内把最有价值的信息传递出去，构建合理的结构至关重要。

1."过去+现在+未来"时间结构

这种结构的优点特别明显，它如同一条丝线，把最有价值的信息串联起来，编织成一条完美的珍珠项链，展现给听众。例如，讲述个人人生时，可以这样构建结构："我的人生历程分为三个阶段：首先是起步阶段，其间我遇到了哪些问题；接着是发展阶段，我又抓住了哪些机遇；最后，我将与大家共同展望未来。"此种结构同样适用于"我的工作历程三阶段"或"我们地方的变化——从过去到现在，再到对未来的期许"等多种情境。

2. AIDA 结构

AIDA 结构（图 6-3）最初用于销售场景，第一步吸引顾客注意，第二步引发顾客兴趣，第三步激发顾客购买欲望，第四步促使顾客下单。演讲又何尝不是一种销售呢？高效的演讲，就是在向听众推销自己的知识、观点和情感。

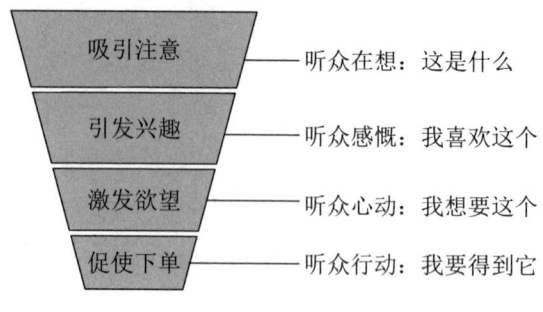

```
        吸引注意  —— 听众在想：这是什么
        引发兴趣  —— 听众感慨：我喜欢这个
        激发欲望  —— 听众心动：我想要这个
        促使下单  —— 听众行动：我要得到它
```

图 6-3　AIDA 结构

以刘媛媛（《超级演说家》第二季总冠军）的《寒门贵子》演讲稿为例。

前些日子有一个在银行工作了十年的资深的 HR，他在网络上发了一篇帖子叫作《寒门再难出贵子》，意思是说在当下我们这个社会里面寒门的小孩想要出人头地、想要成功比我们父辈的那一代更难了，这个帖子引起了特别广泛的讨论，你们觉得这句话有道理吗？

（解析：借助网络热门帖子抛出一个问题，进而引出话题，吸引听众注意。）

先拿我自己说，我们家就是出身寒门的，我们家都不算寒门，我们家都没有门。我现在想想我都不知道当初我爸跟我妈那么普通的一对农村夫妇，他是怎么样把三个孩子——我跟我两个哥从农村供出来上大学、上研究生。我一直都觉得自己特别幸运，我爸跟我妈都没怎么读过书，我妈连小学一年级都没上过，她居然觉得读书很重要，她吃再多的苦也要让我们三个孩子上大学。我一直也不会拿自己跟那些比如说家庭富裕的小孩去做比较，说我们之间会有什么不同，或者有什么不平等，但是我们必须要承认这个世界是有一些不平等的，他们有很多优越的条件我们都没有，他们有很多的捷径我们也没有，但是我们不能抱怨每一个人的人生都是不尽相同的。有些人出生就含着金钥匙，有些人出生连爸妈都没有，人生跟人生是没有可比性的，我们的人生是怎么样完全决定于自己的感受。你一辈子都在感受抱怨，那你的一生就是抱怨的一生，你一辈子都在感受感动，那你的一生就是感动的一生，你一辈子都立志于改变这个社会，那你的一生就是一个斗士的一生。

（解析：拿自己真实的生活作为案例，引发听众兴趣，让听众内心感觉"我喜欢这个表达"。）

英国有一部纪录片叫作《人生七年》，片中访问了十二个来自不同阶层的七岁的小孩，每七年再回去重新访问这些小孩。到了影片的最后就发现富人的孩子还是富人，穷人的孩子还是穷人，但是里面有一个叫尼克的贫穷的小孩，他到最后通过自己的奋斗变成了一名大学教授。可见命运的手掌里面是有漏网之鱼的，而且现实生活中寒门子弟逆袭的例子更是数不胜数，所以当我们遭遇到失败的时候，我们不能把所有的原因都归结到出身上去，更不能去抱怨自己的父母为什么不如别人的父母，因为家境不好并没有斩断一个人他成功的所有的可能。当我在人生中遇到很大的困难的时候，我就会在×××的大街上走一走，看着人来人往，而那时候我就想："刘媛媛，你在这个城市里面真的是依无所依，你有的只是你自己，你什么都没有，你现在能做的就是单枪匹马地在这个社会上杀出一条路来。"

（解析：借助一部纪录片强调自己的核心观点，触动听众，引发共鸣，达到让听众产生"我也想要这个""这就是我想要说的"之类感受的效果。）

这段演讲到现在已经是最后一次了，其实我刚刚问的时候我就发现了我们大部分人都不是出身豪门的，我们都要靠自己，所以你要相信，命运给你一个比别人低的起点是想告诉你，让你用你的一生去奋斗出一个绝地反击的故事。这个故事关于独立、关于梦想、关于勇气、关于坚忍，它不是一个水到渠成的童话，没有一点点人间疾苦。这个故事是有志者事竟成，破釜沉舟，百二秦关终属楚，这个故事是苦心人天不负，卧薪尝胆，三千越甲可吞吴。

（解析：号召听众一起"行动"。）

3."3W"结构

"3W"结构如图6-4所示，这是一种极为稳定的演讲结构：先讲"为什么"（why），向听众展示价值或重要性；再讲"是什么"（what），展现原则、特征或主要观点；最后讲"怎么做"（how），为听众剖析相关的方法论。此结构的优势在于逻辑严密，能够循序渐进地引导听众。

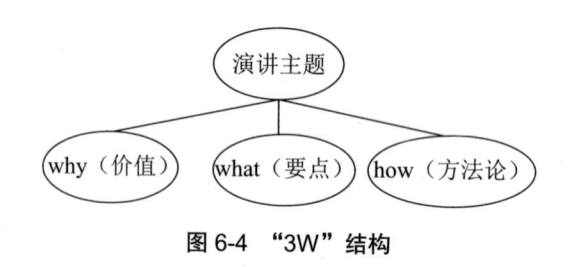

图 6-4　"3W"结构

比如下面这篇关于交通安全的演讲，就运用了"3W"结构。

几年前，曾经传唱的一首歌——《天堂里有没有车来车往》……是这位无奈的老师对含恨而去的13岁少女的衷心寄愿。然而，我们并没有生活在天堂，在现实生活中，越来越多的车辆奔驰在城市的街头。因此，第二个、第三个……第十个……第一百个，如同歌中所悼念的小姑娘的悲剧，正在不断上演。

下面，我想请问大家一个问题，在您的印象中，横向排列的红绿灯，是红灯在左边，绿灯在左边？纵向排列的红绿灯，是红灯在上面，绿灯在

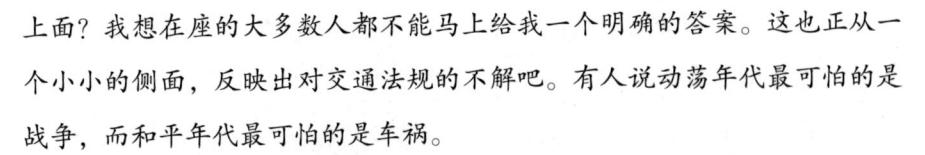

上面？我想在座的大多数人都不能马上给我一个明确的答案。这也正从一个小小的侧面，反映出对交通法规的不解吧。有人说动荡年代最可怕的是战争，而和平年代最可怕的是车祸。

（解析：开篇用一首歌抛出问题，表明交通安全的重要性。）

曾几何时，公路成了扼杀生命的无情杀手。汽车、摩托车，就如同一把把锐利的尖刀，肆意地宰割着幸福和安宁……

在去年，在那个秋风飒爽的九月，我带着希望与梦想，踏入了×××交通大学……身为交大的学生，我们更应该自觉遵守交通法规，维护交通道路安全。尤其在最新的《中华人民共和国道路安全交通法》颁布后，我们应当积极地投身于交通新法的宣传和教育中，为交通知识的普及尽一份责任，献一份爱心……

（解析："公路成了扼杀生命的无情杀手""更应该自觉遵守交通法规""宣传和教育"这些都在阐述交通安全的相关要点。）

我想对朋友们说，当您为了一时方便，想横穿马路时，当您抱着侥幸心理，想酒后驾车时，当您为了赶时间，对红色禁行灯视而不见时，为了您和他人的安全，请您三思而后行……

……让我们携起手来，共同勉励，共同呵护，让生命的轮渡在爱心和责任的呵护下一路欢歌，一路芬芳……

（解析：演讲的核心部分呈现相关方法论，告知听众如何遵守交规和维护交通安全。）

（三）讲故事，触动人心

"这款车有很多功能，它的车漆很特别，都是手工喷绘。"你要这么写汽车文案，那就太平淡无奇了。高水平文案应如此："这是一位70岁的老艺术家，他终生与这款车相伴。他只负责一件事，给车手工喷漆。40年来，这项工作也只有他一个人在做……"

不论故事真伪，与一般叙述相比，故事化的表述就是更易触动人心。无论你演讲什么主题，尽量去挖掘与之相关的故事，并饱含真情地呈现，这样你的演讲一定会出彩。

国外坠机亲历者瑞克·伊莱贾斯（红色风险投资公司总裁）在TED演讲的舞台上，第一次公开说出了他的故事。

想象一个大爆炸，当你在三千多英尺（1英尺=0.3048米）的高空时；想象机舱内布满黑烟，想象引擎发出喀啦、喀啦、喀啦、喀啦、喀啦的声响，听起来很可怕。

那天我的位置很特别，我坐在1D，我是唯一可以和乘务员说话的人，于是我立刻看着他们，他们说："没问题，我们可能撞上鸟了。机长已经把机头转向，我们离目的地很近，已经可以看到曼哈顿了。"

两分钟以后，三件事情同时发生：机长把飞机对准了哈德逊河，一般的航道可不是这样。他关上引擎。想象坐在一架没有声音的飞机上。然后他说了几个字，我听过最不带情绪的几个字，他说："即将迫降，小心冲击。"

我不用再问乘务员什么了。我可以在她眼神里看到恐惧，人生结束了。

现在我想和你们分享那天我所学到的三件事……

通过真实的故事，他很自然就把听众带入了主题，而且营造了身临其境的感觉，这比强调任何观点都要有效。

我们再来看看一位企业基层员工关于"责任"的演讲。

刚参加工作的时候，我也曾有过困惑和迷惘。作为一名基层工作者，我坚守在最普通的岗位上，工作内容单调重复，每天面对的是一张张雷同的表格，解释的是一个个相似的问题。我觉得，现实的生活与想象中的青春岁月相距甚远。曾经的满腔热情，在日复一日平淡的工作中消失殆尽，我迷茫了。

可是一件小事，让我改变了自己。还记得那是一个普通的上午，一位七八十岁的老干部颤颤巍巍走到我面前，向我咨询为什么自己的工资会比别的老干部少，我进行了半个多小时的解释工作并将他的工资组成写在纸片上，让他拿回去给子女看。

老干部临走时说了句："年纪大了，听不懂了。但是就凭你的服务态度，小伙子，我相信你！"看着老大爷信任的目光，一股暖流涌上我的心头。

"责任"这种主题比较宽泛，若处理不当，易导致演讲内容空洞或沦为口号。然而，这位演讲者通过讲述一个真实的小故事，巧妙地将责任的价值体现得淋漓尽致。文中句句没提"责任"，却让听众时刻感悟到"责任"。

演讲者要讲好故事，需要把握三个关键点：真实、简短、聚题。

真实，就是讲真正发生的故事，而且故事主人公最好是演讲者本人，这样更有说服力和可信度。这些真实的故事，可源于日常工作案例、人生经历中的难忘时刻，或是对生活的感悟和总结。在演讲中，应尽量少用或避免使用以下几类故事：寓意故事、网上搜索的故事以及自己编造的故事。前两者大家耳熟能详，不宜作为演讲的主要素材；而自编故事因未真实发生，在现场演讲时可能带来诸多不确定因素。

简短，是演讲故事的基本要求，没人喜欢长篇大论。故事吸引人的地方，在于情节的冲突起伏和演讲者真情实感的表达，不重要的细节能删就删，能简则简。原则上，小故事的讲述时间不宜超过5分钟；若演讲由多个故事串联，需合理分配时间。

聚题，即聚焦主题。故事要为主题服务，不可泛泛而谈。与演讲主题不符、不能凸显主题的故事应舍弃。因此，我们在准备演讲稿时，应围绕主题搜寻和提炼故事。

把简单的事情做好就是伟大，演讲稿的设计亦然。做好选题，架好结构，会讲故事，就会成就一个好的演讲。

二、演讲开场就"抓住"听众耳朵的 5 种方法

胡雪岩曾言："掌握好嘴和耳，就掌握了整个世界。"

商务演讲若能开场就"抓住"听众的耳朵，便已成功一半。然而，这正是难点所在。博人眼球并不难，穿衣打扮稍微精致点即可。但要让人侧耳倾听，甚至激发他们深入探究的欲望，真没那么容易。

结合实战经验，教大家 5 种开场方法，助你瞬间"抓住"听众的耳朵。

（一）引言或声明法

并不是每段演讲都需要引言，但恰当的引言能使听众了解一些有关演讲的事实或想法，从而使大家感同身受、充满信心。

可引用成语，如"今天的××，春暖花开，生机勃勃"。

或借用诗句，如"横看成岭侧成峰，远近高低各不同。看问题的角度不一样，结果也会不一样。今天我演讲的主题是……"

使用名人名言，如"德鲁克曾说：'管理的本质，就是最大限度地激发和释放他人的善意'。作为管理者，我们时刻要思考问题本质。今天我演讲的主题是……"

演讲者若需在开场就明确背景与立场，可采用"声明"的方式。例

如,"今天我的演讲主题是生态环境保护,主要面向相关职能机构。"或"今晚我并不是要向大家介绍这位伟大画家的才华或他作品的详细情况,这样的解说需要一年而不是一个小时。我是想要带给你们关于他作品的一个大致的概念,比起其他时代的风景画,他的作品处于一个什么位置,以及当前风景画的整体情况和展望……"

演讲的声明要清楚、简洁、准确,表明演讲的目的、主题的性质和演讲者所持立场。

(二)直抒胸臆法

直抒胸臆法亦称开门见山法。俗话说,打开天窗说亮话。例如,"2023年,已经过去的上半年,我们公司创造了一个奇迹!""今天我的讲话将围绕一个主题:创新……"直截了当,有时反而更能吸引听众。

又如,"稻花香里说丰年,平安村里话平安。在这收获的季节,我们沐浴冬日暖阳,在××村,一起分享'平安乡村'建设创建成果,共同畅谈'平安乡村'的美好愿景"。

(三)反差冲突法

最简单的处理方式就是运用对比,将前后、优劣、好坏、大小等元素巧妙结合,这能带来意想不到的效果。例如,"一家仅成立2个月的公司,竟创造了近500万的业绩,他们是怎么做到的?"对比和冲突,最能激起人们的好奇心。

(四)数据展示法

在演讲开头即抛出几个鲜明有力的数字,不仅会让内容变得容易理解,更关键的是能让听众"竖起"耳朵仔细听,增加演讲的可信度和说服力。例如,"下面我要阐述3个重要价值"或"大家看到,我在PPT的第一页展示了一个数字，大家猜一猜……"

（五）案例故事法

没有人不喜欢听故事。我们阅读、看电影、闲聊交谈，乃至浏览短视频，都是在体验他人精心编织的故事。故事对听众具有最原始的吸引力。例如，"至今，我已在公司服务了 20 个年头。我还记得刚来公司的时候……"如此开场，听众便能迅速从繁杂的情绪中抽离，满心期待你的演讲。

当然，除了上述五种方法，演讲还可采用自嘲、悬念、警策、幽默、双关、抒情等各种方法开场。无论采用哪种方法开场，其目的都相同：或是抛出楔子，迅速建立和听众的联系；或是衔接主题，在开场就巧妙将听众的注意力引导到主题上；或是激发思考，从一开始就聚焦听众的注意力。万变不离其宗，关键是灵活运用，不断实践。

三、演讲如何惊艳结尾

听众在演讲结束时通常有三大期待：回味精彩内容、明确结束时间、感受个人关注。因此，高明的演讲者设计演讲稿时，会在结尾通过总结、提醒和致谢，来满足听众的这些期待。

总结是帮助听众对演讲内容进行回顾。有时演讲很长，听众容易听了后面的内容忘记前面的内容；有时听众遗漏了某些关键要点；有些听众是在演讲过程中才进场。无论从哪方面考虑，在演讲结尾进行总结，都非常有必要。

有的演讲，听众直到演讲者离开舞台才意识到演讲已结束。因此，演讲的结尾也有提醒功能，可避免此类情况。例如，"我的演讲到此结束，谢谢大家。"或"感谢大家今天的认真聆听，我的演讲到此结束。"

致谢是对听众的基本尊重，所有演讲的结尾都应包含致谢。致谢对象可以是现场的听众，也可以是曾给予自己帮助和支持的人。致谢能拉近演讲者与听众的距离，增强影响力。

美国作家约翰·沃尔夫曾说："演讲最好在听众兴趣到达高潮时果断收束，未尽时戛然而止。"那么，如何让演讲结尾言简意赅、"余音绕梁"？推荐大家运用以下结尾方式。

（一）首尾呼应式结尾

例如，某企业员工在安全生产演讲比赛中这样结尾："企业发展，安全第一。重视安全，以人为本。安全责任，从我做起，我们的单位发展才能更加蓬勃，我们的生命之花才能更加绚丽！"此结尾与演讲主题"安全生产"严密对应，首尾呼应，点亮了主题。

又如"我爱读书"主题演讲，一位演讲者这样开篇："大家好！古人说，'书中自有黄金屋'。每当我读一本新书，获得一份知识的时候，我心中的那种快乐是无法用语言表达的，正如培根所说，'知识是人类进步的阶梯。'"其结尾则巧妙呼应开头："千里之行，始于足下，让我们坚信自己的信念不会改变，让我们在读书中感受人生的哲理。谢谢大家！"

（二）号召行动式结尾

这种结尾方式尤其适合竞聘演讲和述职演讲，演讲者借此表达自己"上任"后的志向与决心。例如，在某企业基层班组长的竞聘演讲中，一位刚毕业的大学生这样结尾："我虽然没有做管理者的经验，但我满怀带领团队创造更多价值的决心与热情。若我有幸当选为新晋班组长，我承诺在一年内实现上述计划，激励团队成员，提升效率。我言出必行，如若未能兑现，甘愿接受惩罚。"他真诚地展现了自己的决心，使听众的心理很快由怀疑变为信任和亲近，话音刚落，台下便掌声一片。

(三)"借鸡生蛋"式结尾

这是一种借用他人观点作为结尾的方式。例如，在公司十周年庆典的全体演讲中，一位员工在结尾时提道："正如董事长经常所言，'初心就是决心，不忘初心，才能时刻保持清醒。'我的初心就是奋发向上，把技术掌握得更熟练，学习到更多知识，为企业发展贡献自己的力量。谢谢大家！"

这种方式也常用于压轴演讲。如果你被安排在最后演讲，不用担心拾人牙慧，可以灵活"借鸡生蛋"。如某竞聘演讲中，有位员工看到前面的同事纷纷表决心，他机智地说："各位领导，各位评委，团结就是力量，凝聚力就是战斗力。作为最后出场的演讲者，我愿把所有人的决心串联起来，拧成一股绳。大家的决心就是我的心声，公司的理念就是我的方向。谢谢大家！"这种表达避免了观点重复，展现了演讲者不凡的智慧。

(四) 自问自答式结尾

自问自答式结尾也叫设问式结尾，通过自问自答的方式，增强与听众的联系，让听众瞬间站在演讲者的角度和立场思考问题，用在演讲结尾能起到点题效果。例如，"各位同事，想法归想法，如何让想法变为现实呢？靠落地，靠执行。想法不落地就是空想，团队没有执行力，任何想法都不能落地。如何落地和执行？我希望，从今天起，从现在起，我们每个人都养成立即执行的好习惯，大事不拖拉，小事立即做。人心齐，泰山移，如果我们能坚持，我们的梦想定会变成现实！"

这位演讲者通过连续提出两个问题，引导听众围绕演讲主题深入思考，随后给出自己的答案，并号召大家共同行动。整个结尾行云流水，节奏明快，充满力量。

（五）巧借环境来结尾

顾名思义，这种方法是指根据演讲现场的环境来灵活应变，结合主题巧妙结尾。例如，"外面春光明媚，万物复苏，这不正是我们公司现在的状态吗？大家重新明确了方向，凝聚了团队的力量，让我们张开双臂，鼓足干劲，迎接更加美好的明天！"这是借自然季节抒发情感。也可以结合具体场景进行结尾："最后我以一句话来结尾，它就悬挂在我们会议室——以客户为中心，以诚信为准绳，以效率为生命。这些话不能只挂在墙上，应该时刻存于心，激励和指导我们更好地为客户服务，为企业增效。"

演讲稿的结尾方式多样，还包括名言警句式、谦虚式、告诫式、反思式、抒情式等，我们可根据实际情况灵活运用。总之，演讲开头重在"引"，结尾重在"收"。

四、演讲出彩的 3 个关键点

也许你正要参加竞聘演讲，或者即将代表公司进行经验分享，如何在脱稿情况下出色演讲？别急着上网搜寻，把握三个要点，保你气定神闲，不用熬夜撰写演讲稿。

（一）多用短句

大家看过在短视频领域很独特很火的"陈翔六点半"吗，它的结尾总有一句"……短，短，短"。为什么要短？也人的认知具有选择性，尤其在新媒体时代，信息爆炸，谁能抓住听众（观众、读者）的注意力，谁就赢了。短句更能概括观点，更有力量，也更能吸引人注意。演讲时，这一点尤为重要，须一击即中，抓住听众的心。

举个例子：表述 1 为"这个项目的成功，离不开在场所有人的支持。首先要感谢领导的关心帮助，其次要感谢同事的鼎力支持，最后要感谢团队的日夜奋战。圆满完成这个项目，这三个要素，缺一不可"，而表述 2 则是"大海航行靠舵手，团队共创奋争先。我们的项目之所以圆满成功，得益于领导的关心帮助，离不开团队的齐心协力"。在演讲中，相比前者冗长的表述，后者显然更加简洁有力。

（二）多用金句

什么叫金句？金句就是你听完一段演讲后，记得最牢的那句话。

演讲有了金句，能让听众耳目一新，心潮澎湃。文章有了金句，大家更愿意去广泛传播。

那么，金句源自何处？首先，来源于名人名言，它们既便捷又实用，但需要平日积累，并且需要用在合适的地方。其次，来源于热点，多关注时事和新闻，多关注网络新词，创作金句时可以借来使用。最后，你还可以自创和改编金句。

（三）多用"正装句"

这是初中语法知识，但在职场中，我们很多人用反了。

把话正着说，就是动词在前，宾语在后，这样表述更有力量，例如："我负责建设团队。"这句话充满了担当与责任感。然而，在现实中，我们更倾向于说："我负责团队建设。"你感受到了吗？这样表达，力量感明显减弱了许多。

我们常说"我要为部门做一个规划"，而不是"我要好好规划部门的工作"。前者显得留有余地，后者则显得决绝果断。如果我们在演讲中能更多使用"正装句"，那么表达的力量感将会大大增强。不信的话，你下次可以试试看。

第三节　企业消息：传递价值，塑造形象

在企业中，如果你负责管理公众号、编辑内刊、运营网站或负责企业宣传，那么与新闻"打交道"便是家常便饭。广义的新闻指消息、通讯、评论等。狭义的新闻就是消息，消息以简洁明快的语言迅速传递新闻事实，通常篇幅较短，内容集中，注重时效性和客观性。

判断一篇消息好不好的核心标准是什么？好的消息，让人一读就懂。要达到这个标准，就得站在受众立场上思考和写作，要充分把握新闻事实，并条理清晰地把信息呈现给受众。

一、消息写作的三大要求

消息具有"一次性"的特性，一旦人们提前通过其他途径获知，这则消息便丧失了主要功能和价值。因此，**消息写作的首要要求是：时效性**。

时效性主要体现在三方面：新鲜、快速、简短。要做到新鲜，应加强当日新闻、即时新闻、突发新闻的采写，力求将新闻发生与传播的时间差缩至最短。新闻越新鲜，越受读者欢迎。例如，在公司召开重大会议时，可在会议开始时就发布即时消息，突出会议主题。

快速包括写作要快、发新闻要快。这要求消息写作者具有新闻敏感度，能够快速挖掘新闻，同时具备娴熟的新闻写作技能，擅长撰写短新闻。

简短也很重要，短小精炼的消息对提升新闻时效性具有重大意义。将新闻写短的方法有：提取精华、一事一报、选用典型素材等。

消息写作的第二个要求：趣味性。不能勾起读者好奇心的消息不是好消息。例如，《潇湘晨报》于 2022 年 6 月 16 日以《围观！"出差"十天，

神舟十四号航天员会做哪些工作？》为题，巧妙选取"太空出差期间航天员的工作内容"这一视角，成功吸引了读者注意。要勾起读者好奇心有以下几种方法：可以让标题自带疑问，如《中国电信每月送 10G 流量，居然还免月租？》；或者颠覆常识、设置悬念，如《广东高考结束！家长们终于解放了，但是……》；还可以运用夸张或表惊叹的手法，如"泪崩""惊呆了""绝密""天啊"……

消息写作的第三个要求：可读性。消息要让读者愿意读、喜欢读、读得下去，这就是可读性。

新闻报道要用事实说话，尤其是那些直观且可感知的事实，因为读者容易对这样的事实产生兴趣，也更容易接受和理解。新闻要写得"活"，要富有感染力，需要与具体细节相结合，越是具体的新闻往往越生动。此外，强调"人"的元素是让新闻鲜活起来的关键。同时，写新闻时也要注意谋篇布局，让新闻具有戏剧性和冲突性。新闻报道应追求深入浅出、通俗易懂。首先，要避免"新闻官腔"，不能把未经采访、未经充分理解的材料直接加工和改写。其次，要学会"第二种翻译"，用浅显的文字、生动的比喻和人们熟悉的语言来讲述、表达或说明新闻内容。新闻消息内容的四要素如图 6-5 所示。

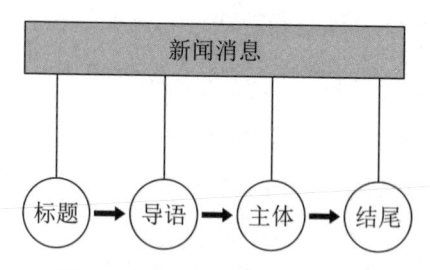

图 6-5 新闻消息内容的四要素

二、消息标题的形式

消息的标题主要有五种形式：齐全式、单标题、引正式、正副式、双主题式。

齐全式标题包含引题、正题和副题。引题用于说明背景、引出主题。正题是标题的中心，概括主要事实和思想。副题一般是对正题的补充。

例如以下这个新闻标题：

提升花木产业　繁荣花木文化　打响花木品牌
中国（夏溪）花木节惊艳绽放
全国各地 2000 多家参展企业共赴花木盛宴

单标题比较常见，即以一句话做标题，例如：
得了甲流就要吃抗病毒药吗？这些知识 Get 起来！
引正式，就是标题含有引题和正题。例如：

（引题）衬衣短裙出场　冷饮墨镜抢手
（正题）上海早春高温百年罕见

正副式，标题包含正题和副题。例如：

（正题）南水北调天津段通过验收
（副题）引滦入津 30 年，累计供水 225 亿立方米

双主题式，即标题包含两重主题。例如：

（主）美恢复对朝粮食援助

（主）韩希望与朝签订合约

三、导语这样写，才能导出精彩

判断消息的写作水平高低，不仅要看标题，导语同样关键。导语是消息的精华，它位于开头部分，需要用极其简洁的文字，呈现消息中最重要最精彩的事实，激起读者兴趣。

"本报讯 某集团总经办主持召开第三次技术创新座谈会。参加座谈会的有集团董事长、集团总经理……集团一直坚持……的战略思想……"这样的导语是否似曾相识？虽简洁概括，却略显空泛。

消息导语的写法多样，可用直陈式、描述式、评述式、橱窗式和修辞式导语。

直陈式导语最常见，它直接陈述核心事实，其他事实留给正文阐述和补充。如《新京报》2023 年 12 月 9 日消息《东航一航班出现故障放油返航，空中放油安全吗？油去了哪儿？》的导语："12 月 9 日，有网友发布视频称，由上海飞往伦敦的中国东方航空 MU533 航班空中放油，返航上海浦东机场。记者从东航客服人员处了解到，该航班在起飞后出现故障提示，为了保障安全返航。"

描述式导语，主要通过描写人、环境或事件中有代表性的部分，使新闻开头具有可视化的效果，让读者能够身临其境。《别了，不列颠尼亚》是新华社记者周树春、杨国强、徐兴堂、胥晓婷共同撰写的，记录香港回归瞬间的特写短新闻。作者另辟蹊径，没有写交接仪式的全景，也未聚焦欢庆回归的人们，而是选取了英方撤离这样一个角度。这篇消息的导语写道："在香港飘扬了 150 多年的英国米字旗最后一次在这里降落后，接载查尔斯王子和离任港督彭定康回国的英国皇家游轮'不列颠尼亚'号驶离维多利亚港湾——这是英国撤离香港的最后时刻。""英国米字旗""降落""皇家邮轮""驶离"……这些具体描述，在独特的历史背景下，赋予了消息独特的新闻价值。

评述式导语，就是通过对新闻事实的夹叙夹议或直接论述，直截了当在新闻开头昭示事件背后深层的意义。例如，36氪2023年12月9日发布的新闻《良品铺子们降价，被零食折扣店逼的？》，导语直接引用新闻事件主要人物的评述："'今年8月份我曾经说过，17岁的良品，面临着创业以来最艰难的挑战。当下，这个挑战仍在加剧。'今年11月底，新上任的良品铺子董事长、总经理杨银芬在公开信里直言公司所遭遇的困境。"

橱窗式导语，就像蛋糕店或家具店的橱窗展示，从描述一个故事、一个典型事例或者一个具体的场景切入。运用橱窗式导语，需要确保故事富有人情味、事例具有典型性、场景充满趣味性。

修辞式导语，指运用设问、比喻、拟人、双关等修辞手法创作的导语。例如，中国新闻网2023年11月22日发布的《充电费上涨，电动车要变"电动爹"？》，巧妙运用对比手法来写导语："前有油价下跌，近有'电价'上涨，燃油车、新能源车主各有各的忧喜。近期，公共充电桩充电价格变化引发关注。据多家媒体报道，近半年时间，包括上海、郑州、重庆、青岛在内的多地充电桩电价出现明显涨幅，少则几角，多则一元，涨幅最高的相比此前几乎'翻倍'。"

四、消息主体的三种主要结构

消息的主体，紧随导语之后，构成消息的核心部分，亦称正文。消息主体的结构主要分为三种：倒金字塔、金字塔及自由式。

（一）"倒金字塔"结构

"倒金字塔"结构，即把最重要、最新鲜的事实置于开头，其他内容按事实重要程度与新鲜程度递减排列。这种结构常用于简明消息和动态消息。

下面这则消息的主体就采用了"倒金字塔"结构。

昔日"步行街之王"卖房求生，还押"宝"千元羽绒服

中新网 12 月 8 日电（中新财经记者 谢艺观）昔日"步行街之王"，最近再次上演变卖资产"回血"的"戏码"。

近日，美邦服饰发布公告，拟以现金交易方式向宁波雅戈尔服饰有限公司出售公司所持有的位于四川省成都市锦江区大科甲巷 43 号店铺，经双方协商最终确定交易价格为 6.8 亿元。

这已是美邦服饰一年多来第 4 次向雅戈尔出售房产，也让人不禁疑惑，频频卖房"回血"的美邦服饰发生了什么？

"倒金字塔"结构的优点很明显，它能方便读者一开始就获取最重要的信息，能第一时间吸引读者的注意力。其缺点是过于标准化。若作者对新闻事实的理解不透彻，或写作功底欠缺，可能导致标题、导语和主体内容"重复"。

（二）"金字塔"结构

"金字塔"结构，亦称顺序法，与"倒金字塔"结构正好相反。这种结构按照事件发生、发展、高潮、结尾的时间顺序来组织新闻内容。此类消息一般弱化或者没有导语，事件的开头就是消息的开头，事件的结尾往往也是消息的结尾。

比如这则消息《群众被毒蛇咬伤，四川自贡交警用警车送医》（来源：封面新闻）。

12月6日8时10分，四川省自贡市沿滩交警122值班室接到群众求助："交警同志，我车上有人被毒蛇咬了，现在很严重，我们要到自贡市老四医院去，请你们帮帮忙！"值班人员询问了车辆号牌和位置后，立即通过对讲机通知路面执勤人员做好护送准备，并联系沿线兄弟单位提供协助。

……

近20公里的路程，加上正值上班早高峰且大雾弥漫，在沿滩、高新、自流井交警的协助下，仅用时12分钟就将伤者送到了医院，赢得了宝贵的抢救时间。目前，伤者病情平稳，正在接受进一步治疗中。

"金字塔"结构的优点很明显：脉络清晰，层次清楚，不散不乱，容易下笔。而且情节步步发展，越看越吸引人。然而，此结构常导致消息篇幅较长，细节繁多，"新鲜"之点不能立即吸引读者注意。因此，应注重精简语言，并利用小标题提炼关键信息，以引导读者关注。

（三）自由式结构

顾名思义，这种结构不拘一格、自由灵活，不拘泥于特定形式，重在生动且客观地展现新闻事实。需要注意的是，自由不等于随意，自由式结构虽然没有倒金字塔式和金字塔式结构的严格规则，但是仍需遵循新闻写作客观真实的基本原则。常见的自由式结构包括散文式、对话式、目击式和递进式等。

自由式结构尤其适合人物消息和动态消息。它打破常规，别具一格，富有新意。由于结构的自由度，报道角度得以多元化，新闻素材的选择也更为丰富，从而为读者提供更多信息。但是，自由式结构需要形散而神不散，必须围绕新闻主题和新闻事实的主线来展开。否则，容易导致篇幅冗长，使读者感觉行文不严谨或文章结构松散。

五、消息结尾的写作

消息的结尾是对主体的进一步总结、概括、说明或补充，需从全文角度出发。消息的结尾写得好，可以发挥四大作用：指出事件的发展趋势，阐明新闻的价值，表达作者的见解，以及启发引导读者积极思考。

（一）总结式结尾

总结式结尾对消息内容进行总结概括，画龙点睛。总结可以通过提炼正文或用引语来实现。

例如，中新经纬于 2023 年 12 月 6 日发布的消息，标题为《"北上广深"二手房交易回暖，年底楼市怎样看？》。该消息正文分析了三大要点，并以如下方式结尾："总之，楼市进一步的行情，或寄希望于 2024 年一季度，届时还要视政策、房价、新房供应等来综合判断，但季节性回升已是确定的。"

（二）预告式结尾

预告式结尾指陈述新闻事实后，新闻结尾对事件的发展方向和结果做出预测，指出事物的发展趋势或揭示事情的必然结果。

例如，界面新闻 2023 年 11 月 28 日发布的《华为已邀请 4 家智选车合作车企共投合资新公司，余承东"点名"希望一汽加入》一文，便是如此结尾："至于余承东提及的一汽集团，此前与华为存在合作关系。据一汽解放，10月24日，一汽解放与华为在华为深圳坂田基地签署全面深化合作协议，双方将进一步整合各自优势资源，在AI大模型技术创新、智能驾驶、智能驾舱等方面深化战略合作伙伴关系。"

（三）启发式结尾

启发式结尾指的是留给读者悬念与思考的空间，启发读者进一步思考的结尾。

例如，观察者网2023年11月28日的报道，标题为《今年流感大爆发，因为前几年戴口罩免疫力下降了？》，其结尾如此写道："采取卫生工程技术改善室内空气质量，是防范呼吸道传染疾病的重要措施。面对城市化、全球化下的交通便利、潜在的新型传染病带来的呼吸道传染病传播风险，社会应该对疾病控制的工程技术措施予以足够的关注。"

（四）希望式结尾

希望式结尾旨在针对消息报道的新闻事实，提出激励式的希望；或者对报道中涉及的相关问题，明确表达期望。

例如，"会议在热情洋溢的气氛中圆满结束。会后全体运营客服人必将坚守服务公约，履行服务承诺，不忘初心，砥砺前行！""山寨不除，市场难安。面对山寨，请您说'不'！"这种结尾采用表决心或喊口号的方式提出希望，简洁有力，激励人心。

（五）评论式结尾

通过评论报道的事实来收尾。评论可来自记者或通讯员，或借他人之口，亦可转述相关观点。

例如，微信公众号"城市进化论"2023年12月07日的新闻报道《它是下一个"苏锡常"？》，就以评论来结尾："曾刚认为，从长远来看，浙江除了加强内部同城化的'小圈子',也要向外开拓'大圈子',进一步加强和长三角中心城市上海的互动力度。城市之间的竞逐本就是你追我赶,但格局打开,才能取长补短,在更大的舞台上共同施展拳脚。""小圈子"和"大圈子"的对比,"你追我赶""取长补短"等短语的使用,具有强烈的评论色彩,有力地深化了新闻主题的价值。

(六)背景式结尾

背景式结尾亦称补充式结尾,即在消息结尾通过叙述新闻背景,以增强新闻事实的厚度。例如,"记者获悉,此次参加会议的中国企业家代表中,有10余位曾经上过福布斯的中国大陆100富豪排行榜,其中包括……"

第四节 企业通讯:内部沟通的艺术与技巧

通讯,是运用叙述、描写、抒情、议论等多种手法,具体、生动、形象地反映新闻事件或典型人物的一种新闻报道形式。通讯的内容多样,包括故事、特写、工作综述、专访、侧记、札记、巡礼、速写、集纳、散记等。

通讯具备客观性、现实性、影响性和形象性等特征。与消息相同,通讯内容需真实,人物及事件必须客观存在,禁止虚构。因此,通讯亦称非虚构写作。

通讯作品要反映现实,如报道典型人物、典型事件或新的形势,具有鲜明的现实性。通讯旨在产生特定影响,如职业、行业、群众或社会影响。与消息不同,通讯的表达手法更为丰富,可以对人物的音容笑貌进行具体描绘，对典型事件的前因后果展开具体阐述、描写或议论。因此，通讯作品需要具有生动形象性。

一、通讯标题的创作方法

直述事实，如《领导干部的楷模——孔繁森》《凌晨三点的送饭人》《王廷江，好样的！》《马永顺：无愧于大森林》。

设置悬念，如《"龙头"在山西，"龙身"为何舞四川》《交警来开会 高速路堵车》《同是造纸厂 盛衰两重天》。

提出问题，如《谁是最可爱的人》《数九寒天有青菜，谁来为农民说话》。

引用口语，如《眼瞎耳聪心里明 孜孜不倦播真理》《科技进了咱们山，一年产量翻一番》。

比喻双关，如《"一厘钱"精神》《百姓心中的丰碑——追记公安局长的楷模任长霞》。

相反相成，如《一花开两处 荣衰何其殊》《前事不忘 后事之师》《越是困难的地方，我们越要去关注》《红果满山 无心采摘》。

二、搭建通讯的结构

通讯的结构，包括纵向式结构、横贯式结构、纵横结合式结构等。

（一）纵向式结构

具体表现形式有三种：时间发展顺序（即先后关系）、事物发展顺序（层层递进、前因后果）、采访过程的先后顺序。若全篇层次呈现出纵深发展特征，则为纵向式结构。

比如创作一篇人物通讯《点亮心中的"百姓"明星》，该文聚焦报道公司各岗位职工明星，旨在激励大家向他们学习。正文结构分三部分。

第一部分：从职工中来，到职工中去

第二部分：职工明星职工造

第三部分：是鼓励，是鞭策

这三个部分呈现层层递进的演绎关系，属于典型的纵向式结构。

（二）横贯式结构

层次与层次之间呈现相互并列关系的结构，称为横贯式结构，简言之，即各要素并列。此结构主要借助空间变换、事物性质差异、不同人群分类以及并列事件等来组织层次。

例如，2010年2月4日新华社发表的春节特别通讯《春节坚守在工作岗位的劳动者们》，报道了除夕之夜仍坚守岗位的劳动者。全文共分为七个部分，具体为：

南京：白衣天使为患儿解除病痛

上海：外来建设者乐享"鸳鸯房"

重庆："清洁工带给我们一个'干净年'"

广州：民警坚守岗位保平安

天津：重点工程争分夺秒抢进度

汉口火车站："我们已经习惯跟乘客一起过年了"

大连港王锦德：工作岗位上的第21个春节

（三）纵横结合式结构

纵横结合式结构是将纵向式结构和横贯式结构结合起来的结构，这种结构常用于时间、空间跨度大且具宏观意义的通讯中，如长篇通讯《县委书记的榜样——焦裕禄》。

该通讯采用一纵一横两条主线：纵向线以时间为轴，自"一九六二年冬天，正是豫东兰考县遭受内涝、风沙、盐碱三害最严重的时刻"，经"一九六三年九月，县委在兰考冷冻厂召开了全县大小队干部的会议，这是扭转兰考局势的大会，是兰考人民自力更生、奋发图强的一次誓师大会"，至"一九六四年春天，正当党领导着兰考人民同涝、沙、碱斗争胜利前进的时候，焦裕禄的肝病也越来越重了"，脉络分明。横向线则在纵向线的基础上，精练地展现了焦裕禄在兰考的工作历程、成就及方法，并辅以生动语言，主要段落的小标题如"关键在于县委领导核心的思想改变""吃别人嚼过的馍没味道""榜样的力量是无穷的""当群众最困难的时候，共产党员要出现在群众面前"，横向布局同样清晰。

三、通讯开头的 5 种写法

（一）开篇进入情节

例如，荣获第十八届中国新闻奖二等奖的通讯《邓家兄弟不寻常的求学路——一边读大学一边当"猪倌"》，开篇即呈现故事情节给读者。

新年的一天，天快黑了，荣昌县城郊一座石棉瓦盖的红砖房里，不时传出阵阵猪叫声。

砖瓦房里光线很暗，为了节约电费，没有开灯。一个系着围裙、弓着身子的农妇将一锅食物残渣烧得热气腾腾。她叫谢世先，是邓家兄弟的母亲。每天她把儿子从学校食堂运回来的剩菜剩饭煮沸、去油、除盐，然后和着青饲料喂猪。谢世先话不多。"孩子们能学有所用，自力更生，我们当家长的很高兴。"谈起两个念大学的儿子当"猪倌"，这位长年操劳的母亲感到很欣慰。

（二）引经据典开篇

例如通讯作品《新时期的道德模范——郭明义》引用康德的话开篇：

世界上有两件东西最能震撼心灵：一件是我们心中崇高的道德法则，一件是我们头顶上灿烂的星空。

（三）落笔先用比兴

例如《创建学习型组织——台电永葆青春活力的秘密》这样开篇：

嘉兴发电、兰溪发电、淮南发电、温州龙湾……一家家发电企业的"血管"中流淌着台电"血液"，一茬又一茬台电精英离开椒江，然而，台州发电厂光彩始终。为什么？我在台电细细寻找着永葆青春活力的秘密。

（四）抒情议论开篇

例如，《谁是最可爱的人》开篇这样写道：

在朝鲜的每一天，我都被一些东西感动着；我的思想感情的潮水，在放纵奔流着；我想把一切东西都告诉给我祖国的朋友们。但我最急于告诉你们的，是我思想感情的一段重要经历，这就是：我越来越深刻地感觉到谁是我们最可爱的人！

谁是我们最可爱的人呢？我们的战士，我感到他们是最可爱的人。

（五）直接描写场景

例如，《光明日报》发布的通讯《西海固：蓄足动能再出发——来自宁夏脱贫乡村的调研》，其开篇如下：

沿福银高速一路南行，地势越来越高，绿意越来越浓！

一座座新建的青砖黛瓦的房舍掩映在绿荫中，透出勃勃生机。远眺车窗外，辣椒、西芹、甘蓝、黄花菜等多彩植物，构成一幅幅绚烂画卷，绕山腰缠绕、缠绕；屋顶上一排排光伏板，在阳光下漾着粼粼波光。

艳阳、蓝天、白云、波光、绿浪装扮出的六盘山，流光溢彩，巍峨壮观……

好一幅盛世美景！

四、通讯结尾的4种独特写法

（一）用激励和号召式的语言结尾

比如通讯《金杯之光——中国女排夺魁曲折道路》的结尾：

她们的笑容凝聚着全国人民的喜悦。祖国和人民的希望使她们永远不会失去在挫折中奋起的前进动力！金杯的基础上，很快就要镌刻中华人民共和国的名字。让金杯之光辉映着我们朝气蓬勃的新一代，激励着我们奋进吧！

（二）首尾呼应，阐明文章重要观点

比如新华网的事件通讯《一次没有掌声打断的发言——李永海委员加快贫困老区发展发言侧记》这样结尾：

"很好！讲得非常好！"一直坐在部长席上认真听讲的国家发展和改革委员会副主任欧新黔，神情凝重地说，"李委员的建议，我都赞成，我们一定会认真加以研究。我相信，就像他讲的，如果全社会都为老区发展尽一份心、出一把力，革命老区就一定能够尽快脱贫、走向繁荣！"

（三）用具体数据描述生动细节，暗示主题可能的发展方向

比如新华社通讯《菜价追踪》的结尾：

记者采访商业行家时了解到，在市场机制较健全的国家，一般商品批发和零售环节的合理利润率是10%左右。蔬菜属于鲜货，损耗较大，差价在20%还算正常，30%就算是高利润了。但目前北京蔬菜从第一次批发至零售，差价多在100%左右，这就成为一个值得认真研究的课题。

（四）用展望未来的语言结尾

比如，《西海固：蓄足动能再出发——来自宁夏脱贫乡村的调研》这则通讯的结尾这样展开：

接下来的乡村振兴"接力赛"，宁夏能否冲在前面？尚需时间给出答案。行走宁夏大地，从银川到石嘴山，从灵武到青铜峡，从贺兰山到六盘山，我们欣喜地看到，"六个提升"已为宁夏蓄足了动能，宁夏健儿的起跑，是那样的铿锵有力……

又如，风貌通讯《在赣州感受千年宋韵》的结尾同样对未来充满展望：

逛宋城、住宋街、过宋桥、穿宋服、观宋景……赣州市里，修旧如旧的历史建筑日渐增多。随着"江南宋城"历史文化名片持续擦亮，赣南大地的文化瑰宝必将绽放出更加迷人的色彩。

第七章

企业公文写作：职场晋升的快车道

公文在职场写作中占据核心地位，是职场沟通不可或缺的重要工具。一篇优秀的公文，往往能为你的职场发展铺平道路，成为你晋升的助力。为何如此说呢？因为公文写作水平不仅是你工作能力的体现，更是你个人素质的展现。公文写得好，体现在以下三个方面：其一，能准确无误地传递组织和领导的思想意图；其二，能高效宣贯公文内容并切实发挥公文所承载的功能，如发挥通知的命令作用、体现请示的请示功能等；其三，文笔流畅自然，条理清晰，使读者能够轻松理解并一口气读完。这样的公文，领导（或读者）阅后，定会心生赞叹：如此佳作，究竟出自何人之手？我总结了公文写作的模型，如图7-1所示。

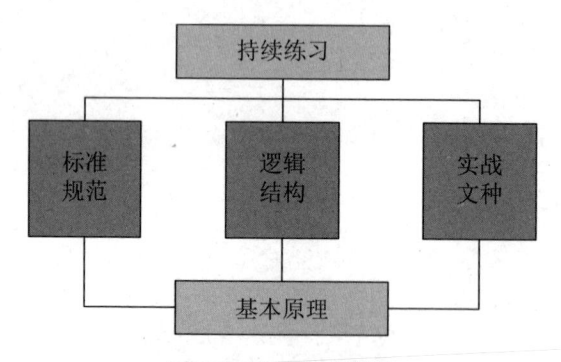

图7-1 公文写作模型

第一节 如何写出让读者"动起来"的通知

通知是职场中最为常见的公文类型之一，其目的在于发布、传达要求下级机关执行和有关单位周知或者执行的事项，以及批转、转发公文。想要让通知真正起到让读者"动起来"的效果，首先需要了解通知的 4 种类型。

一、通知的 4 种类型

通知分为四类：发布类、告知类、部署类和批转转发类。

①发布类通知：专门用于发布有关文件、规章、制度等内容的通知。

关于《员工手册》发放签收的通知

各部门：

为使员工更好地了解、掌握公司的文化和规章制度，方便大家查阅相关资料，公司编印了《员工手册》，现予发放。《员工手册》主要内容包括：公司概况、公司组织架构、企业文化、员工守则、员工管理制度以及公司大事记等内容，现将有关事宜通知如下。

一、以部门为单位统一到人事部领取《员工手册》，确保在职员工人手一册，各部门领取《员工手册》的具体数量，以此通知发布当日在册人数为准。

二、各部门须组织本部门员工认真学习《员工手册》的内容，本月下旬人事部将对员工的学习情况进行测试，测试情况将作为员工绩效考核的一项内容。

三、员工收到手册后在"《员工手册》收阅确认书"上签名以确认签收，代表同意"《员工手册》收阅确认书"中所约定各项。

四、各部门于 7 月 20 日前将"《员工手册》收阅确认书"统一交回人事部存档。

附件：《员工手册》收阅确认书

××公司人事部
2024 年 7 月 14 日

②告知类通知：用于传达需要有关单位周知的事项，包括会议通知、启用印章通知、机构成立或撤销的通知、人事任免通知等。

通知

各分公司、修理厂：

为贯彻市政府安全工作会议精神，研究落实我公司安全生产事宜，总公司决定召开 2024 年度安全生产工作会议，现将有关事项通知如下。

1. 参会人员：各分公司总经理、修理厂厂长。

2. 会议时间：6 月 3 日，会期 1 天。

3. 报到时间：6 月 2 日至 6 月 3 日上午 8 时前。

4. 报到地点：总公司第二招待所 301 号房间，联系人：王大志。

特此通知。

××公司（印章）
2024 年 5 月 25 日

③部署类通知：适用于上级机关向下级机关部署某一工作，或对某一事项作出具体规定。它不仅具有告知功能，还要求受文单位遵照相关内容办理和执行。此类通知主要包含以下三部分内容。

通知缘由：阐述通知的依据、背景或目的，可简要概述相关背景和情况，常以"现作如下通知"等语句引出后续内容。

通知事项：作为正文主体，详细布置对下级的工作要求及相关规定，多采用条文式表述。

执行要求：位于正文结尾部分，既可单独成段，也可与通知事项合并或作为其最后一项内容。

④批转转发类通知：分为批转和转发两种形式。批转通知，指的是对下级机关公文进行批转的通知，采用"批语转发"形式，重在"批"，例如：××集团批转人力资源部关于建立公司案例库的通知；而转发通知，则是转发上级、同级或不相隶属机关公文的通知，需经上级机关同意后，以"转发语"形式传达给下级，重在"转"，例如：湖北省公司转发集团公司关于加强"五一"假期员工出游安全管理的通知。

二、通知的组成要素和注意事项

通知由标题、主送机关、主体、结束语、落款五部分组成，其中主体包括发文缘由、通知事项和执行要求。落款包括发文机关署名、成文日期、发文机关印章，如图 7-2 所示。

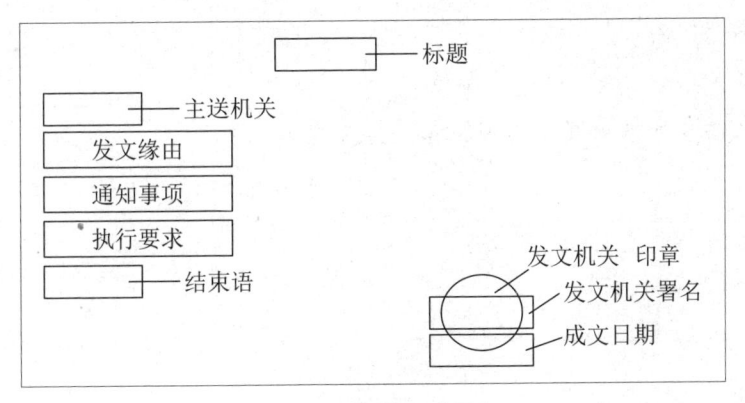

图 7-2　通知的组成要素

转发通知标题的撰写应避免冗长，防止如"的通知"等表述的重复堆砌。为简化标题，可在标题中直接标明转发性通知，并对被转发通知的标题进行适当缩写。正文部分则需补全缩写内容，以确保信息完整。

对于部署类通知，执行要求的撰写至关重要，它直接关系到工作事项的完成质量。因此，应认真撰写执行要求，并最好将"要求"与"检查"相结合，以确保执行效果。

三、通知如何让读者"动起来"？

通知的质量，应以能否促使读者采取行动为核心评判标准。

如果您作为总经理秘书，您向各分公司及部门的秘书发布会议通知如下。

通知

各分公司，各部门：

为使我公司各部门工作顺利开展，并保证部门之间衔接顺畅，经公司领导研究决定将召开全体秘书会议，具体通知如下。

时间：周五下午4：00。

地点：总公司大会议室。

参会人员：各分公司、各部门秘书。

例会主题及安排：月度工作总结及下月工作计划，需协调待解决的工作。

本通知自发布之日起执行。

×××人事行政部
××××年×月×日

如果您是分公司的秘书，看完这篇通知，您是否有采取行动的冲动？若要使这篇通知更具"驱动力"，还需明确哪些要素？

谁要来？（文中虽有提及，但不完整）

为什么来？（虽已说明目的，但问题现状、根源及解决方向需进一步阐述，以免通知对象感觉与个人关系不大）

来做什么？（已列出议程，但仅针对会议本身，个人、分公司的职责及相关利益点未予明确）

应做何准备？（未提及。参会仅需听讲吗？需提前准备哪些材料？会议规则是什么？能否详细说明具体操作细节？）

是否参加？（未涉及。如何收集通知发布后读者的反馈？是否考虑了收集反馈的方法和措施？）

不参加应如何处理？（若有人不愿参加或需请假，有何应对措施？需与发文单位如何互动？）

读者的行动力并非仅凭文种自身的约束力就能激发。撰写者需设法与读者建立联系，寻找利益结合点，产生某种共鸣，并为读者分配任务，确保每个细节都能得到落实，并且责任明确到人，这样才能使公文真正"活"起来。

第二节 如何写请示才能得到批准和有效回复

一、请示的定义和分类

请示，指的是下级机关向上级机关请求指示、批准或转发相关事项的呈批性公文。

请示的分类：根据内容、性质的不同，分为请求指示、请求批准和请求批转三类。

二、请示的格式以及内容要素

请示由标题、主送机关、正文和落款四部分组成。

标题：请示标题通常由发文机关、事由及文种构成，或仅由事由与文种构成。

主送机关：指负责受理和答复请示的机关。每份请示仅限一个主送机关，不能多头请示。

正文：包括开头、主体、结语。开头简述请示缘由，主体明确请求事项，结语另起段，习惯用语一般有"当否，请批示""妥否，请批复""以上请示，请予审批"等。

落款：含署名和成文时间。标题写明发文机关的，这里可不再署名，但需加盖单位公章，并注明成文时间。

三、请得明，才批得快

我们要思考，写请示的目的是什么？若请求指示，自然是期望上级机关提供解决问题的方法或支持；若请求批准，则肯定希望上级机关给予肯定批复。然而，站在上级机关（读者）的角度，他们会考虑：这则请示究竟涉及什么问题？请示事项是否属于我们的权责范围？请示的理由是否充分？

请示要想得到批准和有效回复，需满足三点：格式规范、缘由清晰、陈述有序。

格式规范。这是公文写作的基本要求，撰写请示时尤需留意三点：一是一文一请，专注一事，避免一则请示陈述两件或多件事情；二是禁止越级请示，请示对象是直接上级机关或领导；三是请示需包含缘由和事项，这是请示的主体内容。

缘由清晰。陈述请示缘由时，要避免避重就轻、不着边际及脱离实际，要结合请示的事项，就事论事，清晰阐述背景与缘由，以确保请示具有说服力和可信度。例如某县教育局向某县政府请示关于为山区中小学教师提供生活补贴的事宜："因我县地处高山，人民生活比较拮据，中小学教师待遇偏低，影响了教师队伍的稳定和教师工作的积极性……"这样的表述全是主观观点，没有数据支撑，没有对比论证，显然缺乏说服力。

陈述有序。缘由和事项的表述，都要有结构，以逻辑化的方式呈现。建议采用以下基本框架：先陈述请示理由，再明确具体事项，最后提出要求；或按照"是什么—为什么—怎么办"的逻辑展开；亦可遵循"背景—目的—措施"的结构来组织内容。

第三节 如何全方位高效布局，撰写出彩工作报告

报告是职场中最常用的公文之一。无论是行政经理，还是市场营销人员，他们向上级汇报阶段性工作的主要沟通载体，就是报告。报告种类繁多，若依内容划分，可分为工作报告、情况报告及答复报告。

不论何种报告，其目的皆在于使上级及时了解工作情况，对工作进行考评，并为后续工作提供指导。因此，撰写报告是一项科学严谨的工作，绝不是套模板、说套话那么简单。能够写得一手好报告，不仅彰显个人或

部门成绩，更为企业经营发展贡献力量。

工作报告，适用于定期向上级汇报某阶段的正常工作，全面陈述工作中的困难、做法、经验和教训，使上级能及时掌握本单位的工作进度，从而更易获得上级的支持和帮助，如《××人民政府××年政府信息公开工作年度报告》。

情况报告，适用于向上级反映情况，尤其是重大、特殊事件的调查结果，一些有倾向性的新风气、新动向以及最近出现的新事物也有必要向上级汇报。下级有责任下情上达，使上级了解重要的社情、民情，隐情不报则为失职。此类报告具有临时性和突发性，如《××集团关于非洲猪瘟疫情的报告》。

答复报告，适用于答复上级查询事项。这种报告内容单一，针对性很强，即上级问什么就答复什么，避免答非所问，不节外生枝，如《××公司人力资源部关于某部门员工集体离职事件办理情况的答复报告》。

一、怎样才是一份好报告？

好报告的本质是让读者"动起来"。阅读你的报告后，读者的心在动、脑在转、手在记，最后忍不住专门回复，那便是对你最高的赞誉！关键是，如何实现这一目标？

一般的报告讲现象，好的报告提炼规律。

为什么上级需要报告？无论是工作报告、情况报告，还是答复报告，上级最渴望了解的是现象背后的规律。无论是事物的共性还是差异性，只有抓住本质，报告才具备示范或推广价值，才能对工作产生实际的指导作用。

一般的报告泛泛而谈，好的报告聚焦主题。

撰写报告时，宜从小处着眼，逐步深入并升华主题，这样更符合读者和听众的认知习惯。那些不受欢迎的报告，往往题目很大，内容很散，自然缺乏吸引力。

一般的报告黯淡无光，好的报告气势恢宏。

如果主题不聚焦，未能提炼工作中的规律和价值点，撰写过程便如"挤牙膏"，想到哪里就写哪里。相反，优秀报告主题明确，能洞察现象背后的本质，因此案例信手拈来，数据丰富多彩，排比句运用自如，当然与众不同。

二、好报告要避免这三"太"

公司最近半年迟到现象突出，尤其是近两个月，问题从个别员工扩散至多个部门。百来人的公司，每天有近20人迟到，其中销售部尤为严重，甚至出现有人迟到近两小时的情况。老板特别恼火，让你写个报告交给他。

作为人力资源经理，你要怎么写这个报告？

或许有人会立马去调取数据，对近半年的考勤情况进行全面分析，甚至制作柱状图和曲线图来展示，再找几个同事询问原因，然后在报告结尾写上相关的整改措施。然而，如果你准备按这个思路去撰写报告，那么这份报告很可能已经失败了。因为好的报告，应该避免"三太"：太浅、太泛、太假。

（一）避免"太浅"

许多报告常常只是简单地将事实与数据堆砌在一起，遵循"背景＋成绩＋整改措施"的固定模式。虽然这样的报告看似结构清晰，但往往缺乏深度，难以出彩。提交报告汇报工作，通常意味着工作进入了新阶段或发生了重大情况。因此，撰写者需要深入挖掘，而不仅仅是陈述表面现象。

面对公司严重的迟到问题，作为人力资源经理，除查清表面情况外，更需探究深层原因。需要明确：迟到的是哪些群体？是什么原因导致的？是个人心态问题，还是公司制度存在缺陷？为何销售部门迟到现象最严重？是否与业务旺季频繁见客户有关？

深思熟虑这些问题后，这份报告将不再局限于迟到本身，而会写得更深。通过事实聚焦问题，透过现象抓住本质，这才是好报告。

（二）避免"太泛"

盲人摸象的故事告诉我们，从不同角度看待问题会得出不同的结论。然而，在实际撰写报告时，有些人却容易反其道而行之，还没有深入"摸象"，便妄下结论并描绘出一幅众人皆知却肤浅的"大象"图景，涉及制度、文化、管理、经营等方方面面。

事实上，撰写报告的过程应该像盲人摸象的过程一样。无人能一眼洞察全局，上级所期望的正是从不同角度获得多样见解。同一事物，观察角度可能因人而异；即便是同一人，在不同阶段思考问题的维度也会有所变化。

因此，作为报告撰写者，我们的任务是结合自身岗位实际，力求站位高远，努力触摸并描绘出自己所感知的全貌，而非凭空臆造、泛泛而谈。我们应该深入挖掘问题背后的原因和解决方案，提供具体、可行的建议。

（三）避免"太假"

什么叫"太假"？如果公司十年来都未更新战略，老板也很低调务实，你在报告中却大肆宣扬"新战略""新起点""新征程"，那便显得太过虚假，与实际情况严重脱节。撰写报告的首要基础工作是调研，包括材料调研和实地访谈。只有把调研做到位，才能分析和确定报告的选题方向，从而为后续工作奠定坚实基础；否则，报告只会沦为空洞无物的虚谈。

在撰写报告时，我们必须坚持实事求是的原则，确保报告内容真实可靠、与实际情况相符。只有这样，我们的报告才能赢得上级的信任和认可，为公司的发展贡献真正的价值。

三、从 5 个角度布局，让报告出彩

年年总结，年年犯难。往往不是因为工作难做，而是撰写报告太难。如何撰写出色的报告，让自己满意，让领导满意？

（一）先思考，不要急着找模板

盲目套模板来写报告是下下之策，即使勉强过关，也难以赢得真正认可。说难听点，就是又糊弄过去了。试问，我们撰写报告，是为了敷衍自己吗？

圆满完成一个项目，或者辛苦工作一年，我们有没有深思：经历了什么？最难忘的是什么？最想表达什么？最感谢的人是谁？最期待发生的事情是什么？希望未来的自己变成什么样？团队给了我什么？我在未来一年能给团队带来什么？把这些思考清楚了，再开始动笔也不迟。

（二）如果只能写一句话，这句话是什么？

报告一定要有清晰的主题。简言之，你欲向读者、听众传达的核心信息是什么？无论报告是万字长文还是 200 页 PPT，如果只用一句话概括，

这句话是什么？一定要找到这句话。它就是你报告的主题。

（三）要提炼出规律性和指导性的内容

报告是否有亮点，能否出彩，关键在于是否蕴含规律性和指导性的内容。什么是规律性内容？就是把抽象的东西具体化，把动态的东西常态化。什么是指导性内容？它不仅是你个人的经验总结，还能适用于其他部门；不仅短期内有效，更要能服务于中长期工作。

不妨自问，我们的报告是否包含了这样的精髓？如果有，那恭喜你。如果没有，建议再多加思考，否则，所呈现的报告难免千篇一律，缺乏亮点。

（四）要有一个合适的结构

撰写报告如同建造房屋，要有一个清晰的结构。其根本目的并非仅仅服务于写作者，而是便于读者与听众理解。它旨在让读者看报告时更舒服，理解内容更方便，澄清思想更容易。

我常作一个比喻：拥有清晰结构的好报告，就如灯笼或一串葡萄，能够随时被拎起，条理分明。如果拎不起来，那就如一盘散沙，说明报告的结构存在问题。

（五）要有数据和案例支撑

报告需明确观点，并以论据支撑，否则很难具有说服力。最强有力的论据，当属数据与案例。

报告中，要多展示针对性强、新鲜且系统的数据。灵活运用数据，是撰写报告的关键技能。同时，案例要具有说服力，若能将工作及生活中的案例巧妙融入报告，定能使报告更加出彩。

巩固练习

(一) 选择题 (可多选)

1. 关于报告，说法错误的是（　　）。

A. 报告可以分为工作报告，情况报告和答复询问的报告

B. 报告是下级机关向上级机关反馈信息，建立上下级机关纵向联系的一种重要形式，因此，为各机关经常使用

C. 报告以议论为主要表达方式，例如撰写总结报告

D. 报告与请求不能结合使用，在报告中不得夹带请求事项

2. 下列报告的标题拟制不符合要求的是（　　）。

A.《××厂关于加强职工岗位培训工作的总结报告》

B.《某局关于清仓核资工作结束的总结报告》

C.《高标准，严要求，搞好企业整顿》

D.《建设社会主义精神文明——关于"美的咨询"活动的总结》

3. 总结工作的"报告"，要重点突出（　　）。

A. 成绩　　　B. 做法　　　C. 不足　　　D. 下一步打算

(二) 判断题（正确的在括号内打√，错误的在括号内打×。）

1. 有的报告是向上级机关反映情况，有的是答复上级机关的询问。（　　）

2. 请示和报告都必须一文一事。（　　）

3. 收到下级上报的"请示"或"报告"后，上级都应当作出答复。（　　）

4. 报告不能用"以上报告当否，请指正"之类的结束语。（　　）

参考答案：

选择题　1. C　2. B　3. AB

判断题　1. √　2. ×　3. ×　4. √

第四节　如何快速写出能捕捉要点的会议纪要

随着公司半年一度的决策层会议的临近，会议记录的重任落在了新成员小静的肩上。行政经理告诉小静，会后她还要整理一份会议纪要，发布在公司内刊上。鉴于小静对会议纪要还不太了解，经理对小静进行了如下指导。

一、会议记录和会议纪要的主要差别

差别一是性质。会议记录是事务文书，是对会议发言的实录；会议纪要则是法定公文，需概括提炼会议内容。

差别二是功能。会议记录一般不公开，仅作资料存档，无须传达或传阅；会议纪要则需在特定范围内传达或传阅，并要求贯彻执行。

二、会议纪要的内容要素

1. 会议纪要标题

会议纪要的标题有别于常规公文，不是由发文机关、事由和文种组成，而是直接采用会议名称后加"纪要"的形式。例如，《对外经济贸易大学校长办公会纪要》。

2. 会议纪要日期

通常，公文的发文日期位于正文之下；但会议纪要不同，其发文日期应标注在标题之下，正文之前。

3. 会议纪要正文

一般公文需在正文前注明主送机关，而会议纪要则无须进行此步骤，直接进入正文部分，正文包括前言、纪要内容及结尾三个核心环节。

前言：应包含会议的召开背景、时间、地点、参与单位（或人员）、会议议程、主要成果以及对会议的整体评价等要点。

纪要内容：可采用按发言顺序记录、条款分列或综述概括这三种方式展开。此部分主要反映会议的核心内容及取得的成果。

结尾：通常用于提出期望与号召，鼓励相关人员积极践行会议精神。

4. 会议纪要落款

一般公文落款需注明发文机关并加盖印章，而会议纪要则仅需在正文下方写明发文机关，无须盖章，且该信息应位于正文结尾之下，居右方。

会议纪要的主要内容要素如图 7-3 所示。

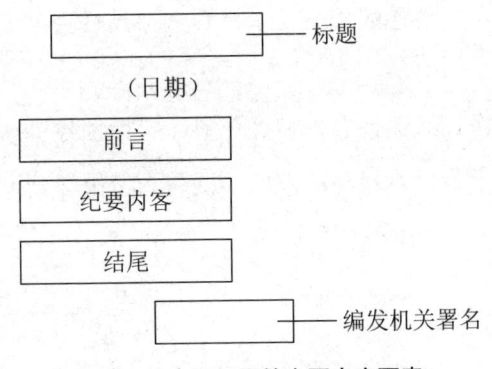

图 7-3　会议纪要的主要内容要素

三、运用"四力模型"，又快又好地撰写会议纪要

会议纪要的"四力模型"如图 7-4 所示。

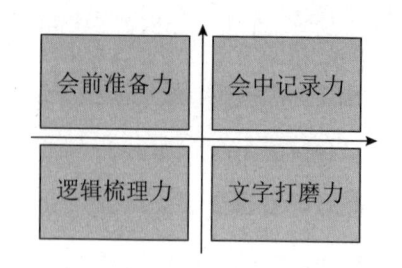

图 7-4　写作会议纪要的"四力模型"

（一）会前准备力

会议纪要的高效撰写始于会前的充分准备。准备时应聚焦于三大核心：议题、议程及背景材料。

①议题解析：明确会议的主题、召开原因、背景及预期目标。会议纪要撰写人员须对议题有深入的理解，以便在会议中迅速捕捉关键信息。

②熟悉议程：了解参会的关键人物、会议流程、主要内容、预期的重要发言及特别环节。熟悉议程有助于撰写人员预见会议走向，提前做好记录准备。

③背景调研：深入调研会议相关资料，包括领导讲话稿、过往记录稿件及录音录像等。掌握背景材料有助于撰写人员更深刻地理解会议主题与议程，确保会议纪要的准确性和深度。

（二）会中记录力

在会议进行中，记录力是确保会议纪要质量的关键。这一能力体现在"快"与"准"两个方面。

①快速记录：同时使用录音笔与书写笔，确保记录的完整性。同时，掌握并熟练运用速写技巧，如句本位记录法，即听一句记一句，省略口语中的冗余词汇，提高记录速度。此外，略符记录法也是提升效率的有效手段，通过汉字略写或拼音略写，进一步加快记录速度。

②准确捕捉：在追求速度的同时，确保记录的准确性至关重要。特别是对于核心任务、思想、观点及问题，必须记录得清晰无误。会议的赞成意见、反对意见、会议的统一意见或保留意见，以及会议决定、主持人的总结及结论性意见，都须详尽且准确地记录。

（三）逻辑梳理力

会议结束后，梳理力是确保会议纪要条理清晰、逻辑严密的关键。这一能力主要体现在对会议内容的整理和结构上。会议纪要正文的结构包括：贯通式、条项式与综合式。贯通式采用纵向结构，条项式则是逐条逐项列出主要内容，综合式则是横向与纵向结构的结合。具体示例如表 7-1～表 7-3 所示。

表 7-1　贯通式会议纪要示例

要领	贯通式会议纪要范文
标题：会议名称＋文种 发文时间：	××省×××会议纪要 （日期）
正文： 一、前言 会议基本情况	××省×××常务委员会第八次会议于××年6月6日至9日在沈阳举行。
二、纪要内容 1. 与会人员	会议由省人大常委会副主任×××主持，副主任××、×××、×××、×××、×××、×××和委员共四十五人出席会议。副省长×××、省高级人民法院院长×××、省人民检察院检察长×××、省直有关部门负责人列席会议。列席会议的还有……
2. 会议详情	会议首先听取××代表团副团长×××传达了×××会议精神。省委书记×××到会就贯彻×××精神，进一步搞好……作了重要讲话。省直机关处级以上干部一起听了传达。 ……
无结语 　　　　　落款	落款

表7-2 条项式会议纪要示例

要领	条项式会议纪要范文
标题：会议名称+文种 发文时间： 正文： 一、前言 会议概况 二、纪要内容 条项 三、结语要求 　　　　　　落款	×××会议纪要 （日期） 　　××年12月20日，×××局长主持召开局长会议。会议就年前的几项主要工作进行了认真的研究，现特纪要于后： 　　一、关于××商场争取修建资金的汇报，从调查团香港之行来看，效果明显。…… 　　二、关于××年财务决算的问题。会议认为，全系统的财务决算必须按照财政决算会议精神办理，盈利企业要保证…… 　　三、关于××年度商业工作初步打算问题。会议提出××年的目标任务…… 　　以上各条款，望局各股室及时付诸实施。 　　　　　　　　　　　　　　　　　　　落款

表7-3 综合式会议纪要示例

要领	综合式会议纪要范文
标题：会议名称+文种 发文时间： 正文： 一、前言 会议基本情况 二、纪要内容 会议总结 （1）责任制	××省第一次防火责任人会议纪要 （××年7月8日） 　　××省第一次防火责任人会议，于××年7月7日至8日召开。会议由×××和×××同志主持。全省20个地级市和省直单位的防火责任人，各市公安局主管局长、消防支队长出席了会议…… 　　会议认为，近年来我省防火责任制逐步得到了加强……较好地防止和减少了火灾事故。

续表

要领	综合式会议纪要范文
（2）指出事故总数原因	会议指出，当前我省火灾事故仍很严重，今年上半年，全省共发生火灾××起，××人死亡，××人受伤，直接经济损失……
（3）强调加强措施	会议强调，加强消防工作，防止或减少火灾事故，是各级政府的一项重要工作。当前要认真落实以下几项工作： 一、提高对消防安全的认识，增强消防工作的紧迫感。 消防安全是经济建设的重要保障。各级领导要认清我省消防严峻趋势…… 二、认真落实消防基础建设，改善公共消防设施设备。 各地政府要重视消防基础建设，多渠道筹措经费，逐步增加对消防的投入，一是……
无结语	
落款	落款

（四）文字打磨力

为何写文章时常会拖泥带水，冗长累赘？主要有三个原因：一是缺乏良好的语言习惯。一个说话简洁的人，写作却很啰唆，这基本不可能。反之，口语啰唆，书面表达也会暴露同样的问题。二是没有准确掌握词义。我们有时喜欢反复赘述，貌似是为了体贴读者，实则是因为自己对词义把握不准，对词语内涵和外延把握不清。三是偏好长句。相较之下，短句更易于理解，且更有力量。虽然长句的描述更具体，但过度使用则容易导致拖沓冗长。

如何养成简洁行文的好习惯？建议大家从两个方面去训练和突破。

首先，认识事物要准确且深刻。老舍先生说："思想不精辟，无从写出简洁有力的文字。""心中没底，往往喜欢多说。"因此，话说不到点子上，喜欢兜圈子，根本原因还是对事物的认识不够深刻。若能做到主题鲜明，核心观点了然于胸，关键词脱口而出，写出的文章自然会简洁明了。

同时，要善于提炼精辟的词语。马雅可夫斯基曾说，他的每一句诗都是从几千吨语言的矿石中提炼出来的。何止是诗，文章的语言同样如此，公文则更是如此。以公文中的模态用语为例，"必须""允许""可以""宜"等近义词，在不同的语言场景下，其使用的范围也不同。

巩固练习

1. 下列哪些事项必须在会议纪要的正文部分给予记述（　　）。
   A. 会议的名称与文种　　　　B. 会议的基本情况
   C. 会议的希望、要求或发出号召　　D. 会议讨论与决定的问题
2. 会议纪要在开头部分要先写明会议的基本情况，它包括（　　）。
   A. 会议召开的根据、目的　　B. 会议名称、议题、成果
   C. 时间地点、与会范围（人员）　　D. 讨论经过和各方面意见
3. 下列各项正确反映会议纪要的特点是（　　）。
   A. 纪实性　　B. 鼓动性　　C. 纪要性　　D. 指导性

参考答案：
1. BD　2. ABCD　3. ACD

第五节　如何通过一封函达成高效沟通与合作

函适用于与不相隶属机关（平级单位）商洽工作、询问和答复问题、请求批准和答复审批事项，是公文中最为轻便且应用广泛的文种。商务交

流沟通、告知某个事项均可发函，在不具备隶属关系的情况下行使请示职能也可发函。

一、函的 4 种类别

函主要分为商洽函、问答函、请函及告知函。

商洽函用于商洽工作和联系事项，其正文需明确商洽的事项。

关于选派员工到 ×× 大学进修的商洽函

×× 大学校长办公室：

我公司为了提高专业技术人员的业务水平和科研能力，拟定选派张 ××、王 ××、李 ×× 去你校进修英语和计算机，员工进修费用由公司支付，望你校能协助。

特此函达，请复。

×× 公司（印章）
×××× 年 × 月 × 日

问答函分为问函与答函两类。问函主要用于提出本机关或部门职责内应当予以解决但又无据可查或难以解决的问题，因此需发函请求有关单位予以解答。答函则针对本机关或部门职权范围内的问题，以函件形式回复问函单位所提问题。问答函范例见图 7-5。

请函适用于向平行或不相隶属的职能部门请求事项批准，属平行文件而代行请示之责。接收此类函件的职能部门应视同请示处理，不得因其使用"函"而忽视。回复时，可采用复函或批复形式。

国 家 开 发 投 资 公 司

关于国投中鲁果汁股份有限公司
问询函的复函

国投中鲁果汁股份有限公司：

你公司报送的《关于股票交易异常的问询函》已收悉，现回复如下：

本公司作为你公司控股股东，不存在涉及你公司应披露未披露的重大信息，包括但不限于重大资产重组、发行股份、上市公司收购、债务重组、业务重组、资产剥离和资产注入等重大事项。

特此函复。

（国家开发投资公司盖章）
2016年7月7日

图 7-5　问答函范例

告知函适用于平行或不相隶属的机关、部门间相互告知事项，写法比较简单，没有严格规定，只需清晰陈述告知内容即可。

关于订购货物出口许可证已获批的函

敬启者：

贵方订购货物的出口许可证已获批准。货物即于八至十天内制作完成，特此奉告。我方建议，见到由中华人民共和国中国银行开出不可撤销信用证时付款。

我方一接到贵方确认书后，信用证就已开出，而货物即行起运并将文件寄出，作为向银行结账凭据。

敬上

发函者
日期

二、函的标准格式

函通常包含标题、主送机关、正文、落款和日期等内容要素。

标题有两种形式：一是齐全式，包括发文机关、事由和文种；二是简化式，仅由事由和文种组成。

主送机关指的是不相隶属的机关或部门，不可或缺。

正文由开头、主体、结尾三部分组成。开头部分说明发函原因、说明情况或叙述问题的由来，也可引述对方来文作为引言。主体部分则明确联系、商洽、询问、请求或答复的相关事项。结尾部分需注明标准的结束语，例如"特此函告""特此函达"或"盼函复"等；若为复函，则适用"特此函复"。

下面这则练习，带大家了解函的写作。

关于联系教师进修的函

××大学教务处：

首先让我们以××市公关学校的名义，向贵处表示衷心的感谢，过去为我校办学给予了很大的帮助。目前我校又面临一个很难解决的问题。

原来事情是这样的：我校开办不久，师资力量很差，决定派××位年轻教师到贵校旁听进修一年。我校与有关部门多次商量。但××位教师进修住宿问题，至今也没有得到解决，提高教学质量的关键是师资。为提高我校教育质量，恳请贵处设法在贵校给解决住宿问题。但不知贵处是否有什么困难。如果需要我校给贵处办什么事情，请尽管提出，我校会竭力去办。再说一句，贵处如能解决我校教师进修住宿问题，我们以校领导的名义向贵校领导深深地表示谢意。

××市公关学校（印章）

2019年11月5日

上述函件有哪些错误或不规范之处？

①**标题不当**：标题与内容不符。应更正为"关于请求解决我校进修教师住宿问题的函"。

②**缘由与事项结构不清晰，内容不明**：函最关键的部分就是缘由和事项。缘由要清晰有力，事项要清楚明白。第一段和第二段应该结合在一起，先讲缘由，再讲事项。

③**结语啰唆，表述不规范**：建议直接使用"恳请函复为盼"。

④**落款格式不正确**：落款空格以及日期格式均不正确。

修改后的规范文本如下：

关于请求解决我校进修教师住宿问题的函

××大学教务处：

我校开办不久，师资力量较弱，决定派7位年轻教师到贵校旁听进修一年。经我校与贵校有关部门协商，贵校同意我校派员进修，但7位教师进修住宿问题，较难得到解决。今特函请贵处设法在贵校帮助解决住宿问题。

在我校办学过程中，贵校曾提供了很大的帮助。这次我校进修教师的住宿问题，又给贵校增添了麻烦。敝校谨致以深深的感谢。

有关进修教师住宿的解决情况，恳请函复为盼。

××市公关学校（印章）

2019年11月5日